Cuaderno de práctica

 Macmillan/McGraw-Hill

B

The McGraw·Hill Companies

 Macmillan/McGraw-Hill

Published by Macmillan/McGraw-Hill, of McGraw-Hill Education, a division of The McGraw-Hill Companies, Inc.,
Two Penn Plaza, New York, New York 10121.

Printed in the United States of America

8 9 HES 13

Contenido

Unidad 1 • Así somos

Contenido

Unidad 2 • Familias y vecinos

Contenido

Contenido

Unidad 4 • ¡En equipo!

Contenido

Contenido

Unidad 6 • Aventuras

Contenido

Nombre _____

Di el nombre de cada dibujo. Escribe una **a** o **b** debajo del dibujo cuyo nombre comience con el sonido **a** o **b**.

_____
- - - - - -
_____

_____
- - - - - -
_____

_____
- - - - - -
_____

_____
- - - - - -
_____

_____
- - - - - -
_____

_____
- - - - - -
_____

Escribe una **a** o **b** para completar las palabras.

_____
- - - - -
___bi

_____
- - - - -
___ebé

 Para el hogar Pida a su niño o niña que nombre otra cosa cuyo nombre comience con el sonido *a* o *b*.

© Macmillan/McGraw-Hill

Palabras de uso frecuente:
yo, puedo

(4)

Yo puedo

pintar

Puedo 👁 ver

el ☀ sol.

(1)

Yo puedo

 Para el hogar Pida a su niño o niña que le lea el libro en voz alta.

Grado I/Un buen comienzo • Semana I **C3**

Puedo  la
ver   lluvia

③

Yo puedo  .
cavar

②

Para el hogar Pida a su niño o niña que le lea el libro en
voz alta. Pídale que encierre en un círculo las letras mayúsculas
y que subraye las letras minúsculas.

Nombre _____

Di el nombre de cada dibujo. Escribe una **c**, **d** o **e** debajo del dibujo cuyo nombre comience con esa letra.

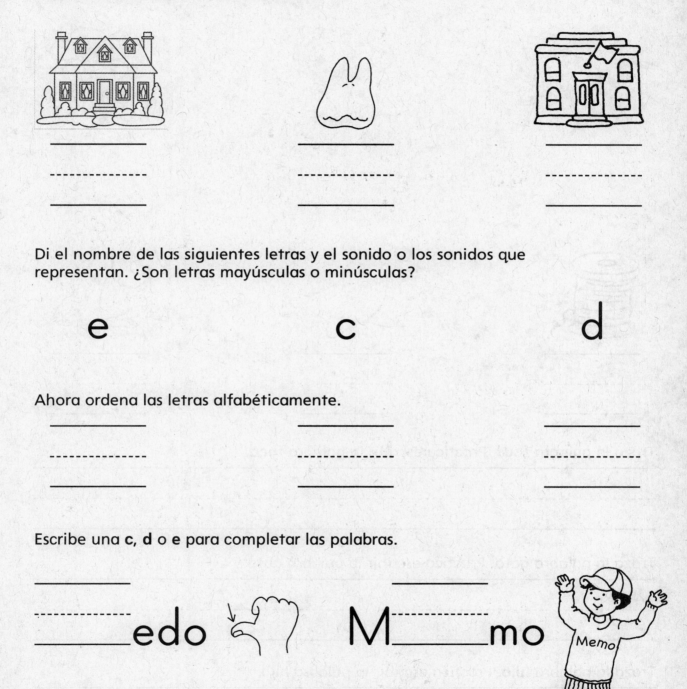

Di el nombre de las siguientes letras y el sonido o los sonidos que representan. ¿Son letras mayúsculas o minúsculas?

e   c   d

Ahora ordena las letras alfabéticamente.

Escribe una **c**, **d** o **e** para completar las palabras.

_____edo   M_____mo

 Para el hogar Pida a su niño o niña que escoja su palabra favorita del ejercicio y la use en una oración.

Grado I/Un buen comienzo • Semana I   C5

Nombre _____

Di el nombre de cada dibujo. Escribe una **f**, **g** o **h** debajo del dibujo cuyo nombre comience con la letra **f**, **g** o **h**.

_____ _____ _____

- - - - - - - - - -   - - - - - - - - - -   - - - - - - - - - -

_____ _____ _____

_____ _____ _____

- - - - - - - - - -   - - - - - - - - - -   - - - - - - - - - -

_____ _____ _____

Traza la palabra **foca**. Practica escribir la palabra **foca**.

_____

- - - foca -

_____

Traza la palabra **gato**. Practica escribir la palabra **gato**.

_____

- - - gato -

_____

Traza la palabra **hilo**. Practica escribir la palabra **hilo**.

_____

- - - hilo -

_____

Para el hogar Pida a su niño o niña que le diga una palabra que rime con *foca*.

(4)

Palabras de uso frecuente:
voy, al

Voy al mar.

Veo el cangrejo.

Me gusta

Voy al estanque.

(1)

 Para el hogar Pida a su niño o niña que le lea el libro en voz alta.

3

Voy al
castillo

2

Voy al
estanque

Yo veo
ranas

Para el hogar Pida a su niño o niña que le lea el libro
en voz alta. Ayúdelo a encerrar en un círculo las palabras
que comienzan con mayúsculas y a subrayar las que comienzan
con minúscula.

Nombre _____

Di el nombre de cada dibujo. Escribe una **i, j, k** o **l** debajo del dibujo cuyo nombre comience con el sonido **i, j, k** o **l**.

_____   _____   _____   _____

- - - - - - - - - - - - - - - - - - - - - - - - - - - - - - - - - - - -

_____   _____   _____   _____

_____   _____   _____   _____

- - - - - - - - - - - - - - - - - - - - - - - - - - - - - - - - - - - -

_____   _____   _____   _____

Escribe una **i, j, k** o **l** para completar las palabras. Léelas en voz alta.

_____   _____

- - - - - - - - - - -   - - - - - - - - - - -

___ala   ___ba

_____   _____

- - - - - - - - - - -   - - - - - - - - - - -

___iwi   ___ugo

 Para el hogar Pida a su niño o niña que escoja uno de los dibujos de arriba y que escriba una oración sobre él.

Nombre _____

Di el nombre de cada dibujo. Escribe una **m**, **n**, **ñ** u **o** debajo del dibujo cuyo nombre contenga el sonido **m**, **n**, **ñ** u **o**.

Traza la palabra **mano.** Practica escribir la palabra **mano.**

mano

Traza la palabra **ola.** Practica escribir la palabra **ola.**

ola

Traza la palabra **nube.** Practica escribir la palabra **nube.**

nube

© Macmillan/McGraw-Hill

 Para el hogar Pida a su niño o niña que nombre otra palabra cuyo nombre comience con **m**, **n**, **ñ** u **o** y que la use en una oración.

El está con el hilo.
gato

(4)

Palabras de uso frecuente:
está, sin, con

El está sin el .
perro   gato

Yo tengo

(1)

Para el hogar Pida a su niño o niña que le lea el libro en voz alta.

Grado 1/Un buen comienzo • Semana 2 • C11

El está sin el .

gato

perro

Está con el .

perro

2

Para el hogar Pida a su niño o niña que le lea el libro en voz alta.

Nombre _____

Di el nombre de cada dibujo. Escribe una **p** o **q** debajo del dibujo cuyo nombre contenga el sonido **p** o **q**.

_____

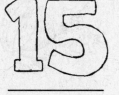

_____

_____

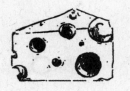

_____

_____

_____

Traza la palabra **pato**. Practica escribir la palabra **pato**.

_____

- -

pato

Traza la palabra **que**. Practica escribir la palabra **que**.

_____

- -

que

 Para el hogar Pida a su niño o niña que nombre otras palabras que comiencen con el sonido p o q y que las use en una oración.

Nombre _____

Di el nombre de cada dibujo. Escribe una **r** o **s** debajo del dibujo cuyo nombre comience con esa letra.

_____   _____   _____

- - - - - - - - - - -   - - - - - - - - - - -   - - - - - - - - - - -

_____   _____   _____

Di el nombre de las siguientes letras y el sonido o los sonidos que representan. ¿Son letras mayúsculas o minúsculas?

i   r   a   s   e   o

Ahora ordena las letras alfabéticamente.

_____ _____ _____ _____ _____ _____

- - - - - - - - - - - - - - - - - - - - - - - - - - - - - - - - - - - - - - - - - - - - - - - - - - - - - - - - - - - - - - - - - -

_____ _____ _____ _____ _____ _____

Escribe una **r** para completar las palabras. Lee las palabras en voz alta.

_____   _____

- - - - - - - - -   - - - - - - - - -
_____ana   _____abo

Escribe una **s** para completar las palabras. Lee las palabras en voz alta.

_____   _____

- - - - - - - - -   - - - - - - - - -
_____oga   _____ofá

Para el hogar Pida a su niño o niña que escoja su palabra favorita del ejercicio y la use en una oración.

© Macmillan/McGraw-Hill

Nombre _____

Di el nombre de cada dibujo. Escribe una **t** o **u** debajo del dibujo cuyo nombre comience con esa letra.

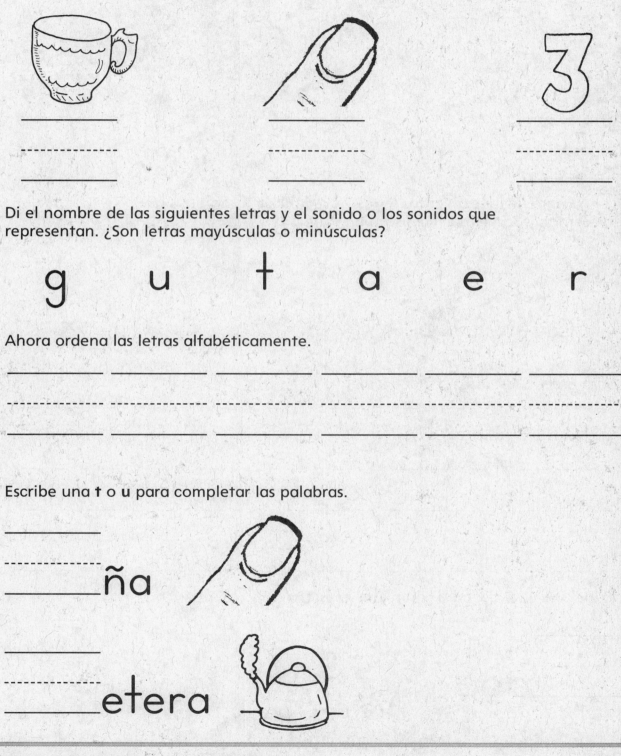

_____
- - - - - - -
_____

_____
- - - - - - -
_____

_____
- - - - - - -
_____

Di el nombre de las siguientes letras y el sonido o los sonidos que representan. ¿Son letras mayúsculas o minúsculas?

g   u   t   a   e   r

Ahora ordena las letras alfabéticamente.

_____ _____ _____ _____ _____ _____
- -
_____ _____ _____ _____ _____ _____

Escribe una **t** o **u** para completar las palabras.

_____
- - - - - - -
_____ña

_____
- - - - - - -
_____etera

 Para el hogar Pida a su niño o niña que escoja una de las palabras del ejercicio y la use en una oración.

Grado I/Un buen comienzo • Semana 2 • **CI5**

Nombre _____

Di el nombre de cada dibujo. Escribe una **v**, **w** o **x** debajo del dibujo cuyo nombre contenga esa letra.

_____   _____   _____

- - - - - - - - - - -   - - - - - - - - - - -   - - - - - - - - - - -

_____   _____   _____

Di el nombre de las siguientes letras y el sonido o los sonidos que representan. ¿Son letras mayúsculas o minúsculas?

e   i   c   o   w

a   u   g   r   x

Ahora ordena las letras alfabéticamente.

_____ _____ _____ _____ _____

- - - - - - - - - - - - - - - - - - - - - - - - - - - - - -

_____ _____ _____ _____ _____

- - - - - - - - - - - - - - - - - - - - - - - - - - - - - -

_____ _____ _____ _____ _____

Escribe una **v**, **w** o **x** para completar la palabra.

_____

- - - - - - - - - -

_____aca

Para el hogar Pida a su niño o niña que use la palabra *taxi* en una oración.

Yo puedo

Él dijo: –Yo puedo leer.

(1)

Él dijo: –Yo puedo jugar.

Palabras de uso frecuente:
dijo, yo

(4)

 Para el hogar Pida a su niño o niña que le lea el libro en voz alta.

Grado 1/Un buen comienzo • Semana 2 • C17

Ella dijo: —Yo puedo ___.

jugar

③

Ella dijo: —Yo puedo ___.

pintar

②

Para el hogar Pida a su niño o niña que le lea el libro en voz alta.

Nombre _____

Di el nombre de cada dibujo. Escribe una **y** o **z** debajo del dibujo cuyo nombre comience con esa letra.

_____   _____   _____

-----------------   -----------------   -----------------

_____   _____   _____

Agrega una **y** o **z** para completar las palabras.

_____   _____   _____

-----------------   -----------------   -----------------

_____ema   _____eso   _____umo

Di el nombre de las siguientes letras y el sonido o los sonidos que representan. ¿Son letras mayúsculas o minúsculas?

a   z   g   e   c

o   r   i   y   u

Ahora ordena las letras alfabéticamente.

_____   _____   _____   _____   _____

----------------- ----------------- ----------------- ----------------- -----------------

_____   _____   _____   _____   _____

----------------- ----------------- ----------------- ----------------- -----------------

_____   _____   _____   _____   _____

© Macmillan/McGraw-Hill

Para el hogar Pida a su niño o niña que use la palabra *yoyo* en una oración.

Nombre _____

Di el nombre de cada dibujo. Escribe una **a** debajo del dibujo cuyo nombre comience con la vocal *a*.

Traza la palabra **araña**. Practica escribir la palabra **araña**.

araña

Escribe una **a** para completar la palabra. Lee la palabra.

niñ ___

Para el hogar Pida a su niño o niña que use las palabras *astronauta* y *avión* en dos oraciones diferentes.

Palabras de uso frecuente:
aquí, qué

(4)

Un  está aquí.

carro

¡Aquí está!

¿Qué está aquí?

(1)

Para el hogar Pida a su niño o niña que le lea el libro en voz alta.

¿Qué tengo aquí?

③

Aquí tengo un

helado

②

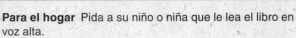

Para el hogar Pida a su niño o niña que le lea el libro en voz alta.

Nombre _____

Di el nombre de cada dibujo. Escribe una **e** debajo del dibujo cuyo nombre comience con la vocal **e**.

_____

- - - - - - - - - -

_____

_____

- - - - - - - - - -

_____

_____

- - - - - - - - - -

_____

_____

- - - - - - - - - -

_____

_____

- - - - - - - - - -

_____

_____

- - - - - - - - - -

_____

Escribe una **e** para completar las palabras. Lee las palabras.

_____
b - - - - - bé

_____
n _____ ne

_____
d - - - do

_____
m _____ sa

Para el hogar Pida a su niño o niña que use la palabra *elefante* en una oración.

Nombre _____

Di el nombre de cada dibujo. Escribe una **i** debajo del dibujo cuyo nombre comience con la vocal **i**.

Escribe una **i** para completar las palabras. Lee las palabras.

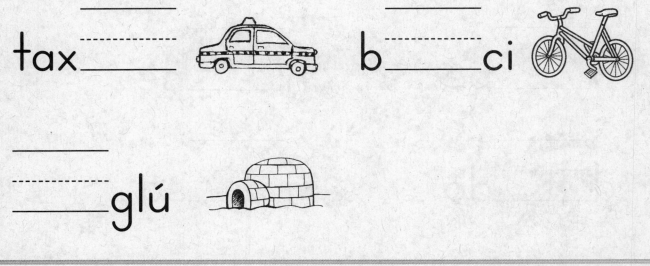

tax____

b____ci

____glú

Para el hogar Pida a su niño o niña que escoja uno de los dibujos y que escriba una oración para describirlo.

© Macmillan/McGraw-Hill

El perro tenía un .

hueso

Palabras de uso frecuente:
tenía, estaba

④

¿Estaba aquí mi  ?

perro

Ella tenía

①

© Macmillan/McGraw-Hill

 Para el hogar Pida a su niño o niña que le lea el libro en voz alta.

Grado 1/Un buen comienzo • Semana 3   **C25**

¡Aquí estaba!

③

¿Estaba mi por aquí?
perro

②

Para el hogar Pida a su niño o niña que le lea el libro en voz alta.

Nombre _____

Di el nombre de cada dibujo. Escribe una **o** debajo del dibujo cuyo nombre comience con la vocal **o**.

_____
- - - - - - - - - -
_____

_____
- - - - - - - - - -
_____

_____
- - - - - - - - - -
_____

_____
- - - - - - - - - -
_____

8

_____
- - - - - - - - - -
_____

_____
- - - - - - - - - -
_____

Traza la palabra **oso**. Practica escribir la palabra **oso**.

_____
- -
oso _____

Traza la palabra **ojo**. Practica escribir la palabra **ojo**.

_____
- -
ojo _____

© Macmillan/McGraw-Hill

Para el hogar· Pida a su niño o niña que le cuente sobre uno de los dibujos del ejercicio.

Nombre _____

Di el nombre de cada dibujo. Escribe una **u** debajo del dibujo cuyo nombre comience con la vocal **u**.

Escribe una **u** para completar las palabras.

_____va

_____no

l____na

Para el hogar Pida a su niño o niña que escriba las cinco vocales y las lea. Luego, pídale que diga dos palabras que empiecen con cada vocal.

Nombre _____

Lee las palabras. Encierra en un círculo el dibujo que corresponda a cada palabra.

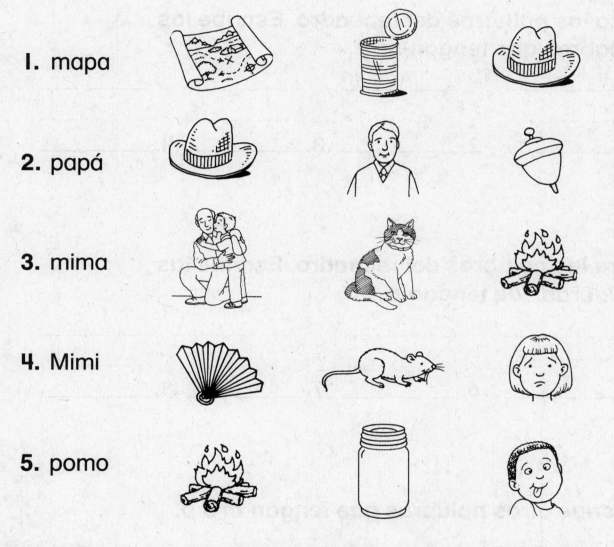

1. mapa

2. papá

3. mima

4. Mimi

5. pomo

Escribe una oración usando una de las palabras de arriba.

_____

- - - - - - - - - - - - - - - - - -

_____

Para el hogar Ayude a su niño o niña a cambiar la primera letra de una de las palabras para crear una nueva palabra. Luego pídale que dibuje la nueva palabra.

Nombre _____

| mapa | ama | pomo | papa | puma | mopa |

Mira las palabras del recuadro. Escribe las palabras que tengan *m*.

1. _____ 2. _____ 3. _____ 4. _____

Mira las palabras del recuadro. Escribe las palabras que tengan *p*.

5. _____ 6. _____ 7. _____ 8. _____

Escribe otras palabras que tengan *m* o *p*.

9. _____ 10. _____

Para el hogar Pida a su niño o niña que le diga otras palabras que tengan *m* o *p*.

© Macmillan/McGraw-Hill

Nombre _____

Usa una de las palabras del recuadro para completar cada oración.

salta	sube	baja

1. Pupi _____.

2. Pipo _____.

3. Popi _____.

4. Mimi _____.

Para el hogar Pida a su niño o niña que le lea las oraciones.

Mimi y Pipo • Grado I/Unidad I   **11**

Nombre _____

Una **oración** es un grupo de palabras que expresa
una idea completa.
Ejemplo: Me gusta la papa.

Encierra en un círculo las oraciones completas.

1. Ella ama a Papá.

2. el puma

3. El pomo es de Pipo.

4. El mapa es de Papá.

5. Meme

 Para el hogar Pida a su niño o niña que escriba una oración sobre un
miembro de su familia.

© Macmillan/McGraw-Hill

Nombre _____

> Los días de la semana son: lunes, martes, miércoles,
> jueves, viernes, sábado y domingo.
> Los días de la semana se escriben con **minúscula**.

A. Lee las siguientes oraciones. Encierra en un círculo los días de la semana. ¿Comienzan con mayúscula o con minúscula?

1. El miércoles voy con mi mamá a jugar.

2. Juego con mi papá el martes.

B. Escribe los días de la semana en orden.

_____

_____

_____

_____

Para el hogar Pida a su niño o niña que dibuje seis globos y escriba
en cada globo las letras de la palabra *martes*. Repita con la palabra
miércoles.

Mimi y Pipo • **Grado I/Unidad I**   **I3**

© Macmillan/McGraw-Hill

Nombre _____

| mapa | ama | pomo | papa | mopa | puma |

Completa cada palabra con la sílaba que falta.

1. ma_____

2. a_____

3. mo_____

4. po_____

5. pa_____

6. pu_____

Traza una línea desde la palabra hasta su dibujo.
Haz un dibujo para las palabras que no tengan uno.

mopa

mapa

pomo

puma

 Para el hogar Pida a su niño o niña que use una de las palabras con *m* o *p* para generar una oración en voz alta.

Nombre _____

Mientras lees <u>Mimi y Pipo</u>, completa el diagrama de personajes y ambiente.

Ambiente	¿Qué hacen los personajes ahí?

¿Cómo te ayuda el diagrama de personajes y ambiente a entender mejor <u>Mimi y Pipo</u>?

© Macmillan/McGraw-Hill

 Para el hogar Pida a su niña o niño que use el diagrama para volver a contar el cuento.

Mimi y Pipo • **Grado 1/Unidad 1**　　15

Nombre _____

Visualizar significa crear imágenes sensoriales en tu mente. Visualizar te permite comprender mejor lo que lees.

Lee el cuento.

No soy muy grande.

Tengo seis patas.

Tengo tres ojos.

Tengo dos colas largas.

Me gusta comer cosas que son rojas.

Vivo debajo de una roca.

¿Cómo soy? Haz un dibujo en el espacio dado.

Vuelve a leer el cuento. Observa tu dibujo. Corrige los elementos de tu dibujo que no coincidan con el cuento.

Para el hogar Pida a su niña o niño que haga un dibujo y escriba un breve cuento acerca de lo que dibujó.

Nombre _____

> Todas las oraciones comienzan con una letra **mayúscula**.

Escribe cada oración correctamente.

1. pipo sube. _____

----

2. meme salta. _____

----

3. me gusta el pomo. _____

----

4. yo veo un puma en el mapa. _____

----

5. veo a Mimi y a Meme. _____

© Macmillan/McGraw-Hill

 Para el hogar Pida a su niño o niña que subraye la letra mayúscula
al principio de dos oraciones en una revista.

Mimi y Pipo • Grado I/Unidad I   17

Lee el siguiente cuento. Presta atención a la entonación de las oraciones.

	Yo veo a Mumi. Mumi salta. Mumi salta y salta.
10	¿Por qué salta Mumi?
14	—¡Me gusta! —dijo ella.
18	Mimi sube y baja. Mimi está con Pepe. Pepe sube y baja.
30	—¡Yo veo a Mumi! —dijo Mimi.
36	Mumi está con Pami y Pipo.
42	¿Quién está con Momo? Meme está con Momo. 50

Comprobar la comprensión

1. ¿Qué hace Mumi?

2. ¿Con quién están Pami y Pipo?

	Palabras leídas	–	Cantidad de errores	=	Puntaje de palabras
Primera lectura		–		=	
Segunda lectura		–		=	

© Macmillan/McGraw-Hill

 Para el hogar Ayude a su niña o niño a leer y anote la cantidad de palabras que lee.

Nombre _____

Las **fotografías** son imágenes que muestran personas, animales y cosas de la vida real.

Mira la imagen. Lee la oración que explica la imagen.

Mimi mima a Pupi.

Escribe una oración sobre las cosas reales que ves en la imagen.

_____

- -

_____

Para el hogar Pida a su niño o niña que busque en revistas fotos
interesantes y relate un cuento sobre una de las fotos.

Nombra cada dibujo. Encierra en un círculo los dibujos que tengan *t* o *d* en su nombre. Escribe *t* o *d* debajo de cada uno.

Para el hogar Anime a su niña o niño a identificar las letras *t* y *d* en revistas y pídale que escriba las palabras que tengan *t* o *d*.

Nombre _____

| duda | tapete | dame | todo | dama | tema |

Lee las palabras del recuadro. Luego completa con *t* o *d* las palabras que aparecen más abajo.

1. _____ ame

2. _____ apete

3. _____ odo

4. _____ uda

5. _____ ama

6. _____ ema

Escribe una frase con una de las palabras de ortografía.

_____

_____

Para el hogar Pida a su niña o niño que haga un dibujo para la frase que escribió.

© Macmillan/McGraw-Hill

Nombre _____

| salir | vueltas | encima | paseo | también |

Completa las oraciones usando las palabras del recuadro.

1. Pipo está _____ de un tapete.

2. Ella está por _____.

3. Yo voy de _____.

4. Meme da _____.

5. Tami baja _____.

© Macmillan/McGraw-Hill

Para el hogar Anime a su niño o niña a hablar sobre una ocasión en que salieron de paseo. Pídale que use las palabras de uso frecuente.

Práctica

Gramática:
Orden de
las palabras y punto
final en la oración

Nombre _____

Las **palabras** de una oración deben estar **en orden** para que la oración tenga sentido.

Orden correcto: El dado está en el tapete.

Orden incorrecto: tapete En el dado el está.

Si las palabras están en el orden correcto, encierra la oración en un círculo. Si las palabras no están en el orden correcto, escribe la oración correctamente.

1. La dama me da el dado. _____

_____

_____

2. un da paseo Mamá. _____

_____

_____

3. Mi papá da un paseo, también. _____

_____

_____

4. toma dado Pipo el. _____

_____

_____

Para el hogar Pida a su niño o niña que escriba las oraciones 1 y 3.

© Macmillan/McGraw-Hill

Nombre _____

Divide las palabras de ortografía en sílabas.

1. duda _____

2. tapete _____

3. dame _____

4. todo _____

5. dama _____

6. tema _____

Escribe cuántas sílabas tiene cada palabra.

1. duda _____   **2.** tapete _____

3. dame _____   **4.** todo _____

© Macmillan/McGraw-Hill

 Para el hogar Pida a su niña o niño que diga las palabras de ortografía en voz alta mientras da palmadas para dividirlas.

Nombre _____

Una palabra en cada línea está bien escrita.
Busca la palabra correcta y escribe una X
al lado de la palabra.

1. adud ____   duda ____   udda ____

2. dame ____   ddame ____   adme ____

3. etepta ____   tapete ____   peteta ____

4. ttema ____   tema ____   etma ____

5. odot ____   doto ____   todo ____

6. dama ____   ddoma ____   ttoma ____

Escribe la letra inicial correcta.

____uda   ____apete   ____ema

____odo   ____ame   ____ama

Para el hogar Ayude a su niño o niña a deletrear las palabras de
ortografía.

De paseo • **Grado I/Unidad I**   **25**

Nombre _____

Mientras lees <u>De paseo</u>, completa el diagrama orden de los sucesos.

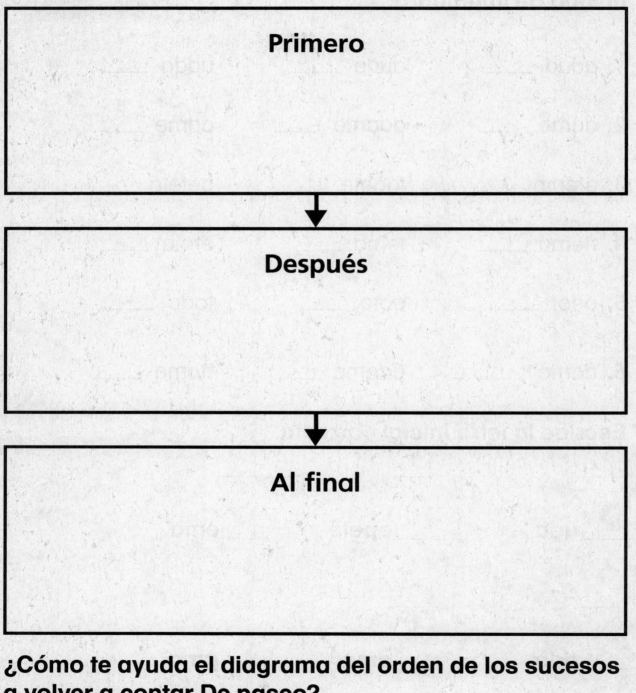

Primero

↓

Después

↓

Al final

© Macmillan/McGraw-Hill

¿Cómo te ayuda el diagrama del orden de los sucesos a volver a contar <u>De paseo</u>?

Para el hogar Pida a su niña o niño que use el diagrama del orden de los sucesos para volver a contar el cuento.

Nombre _____

Escribe 1, 2 y 3 en cada columna de dibujos para mostrar el orden de los sucesos.

© Macmillan/McGraw-Hill

Práctica

Gramática:
Orden de las palabras
y punto final en la
oración

El orden de las palabras da sentido completo a la oración. Las oraciones terminan con un **punto**.

Mira las preguntas. Ordena las palabras y acuérdate de terminar la oración con un punto final.

1. Mamá mi mima me.

_____

_____

2. De paseo salir yo pido.

_____

_____

3. Salta en el tapete Pepe.

_____

_____

4. Dado dame un.

_____

_____

© Macmillan/McGraw-Hill

 Para el hogar Pida a su niño o niña que haga un dibujo de una de las oraciones.

Nombre _____

Lee el siguiente cuento. Presta atención a la entonación de las oraciones.

	Yo veo un dado.
4	El dado está encima de un mapa.
11	El dado da vueltas en el mapa.
18	Yo tengo una duda. ¿Está el tapete con el
27	mapa y el dado?
31	—El tapete está aquí —dijo Mamá. 37

Comprobar la comprensión

1. ¿Dónde está el dado?

2. ¿Qué hace el dado?

3. ¿Quién dijo "El tapete está aquí"?

	Palabras leídas	–	Cantidad de errores	=	Puntaje de palabras
Primera lectura		–		=	
Segunda lectura		–		=	

© Macmillan/McGraw-Hill

Para el hogar Mientras su niña o niño lee, anote la cantidad de palabras que leyó correctamente.

Los **rótulos** nos dan información sobre los dibujos.

Mira los dibujos. Lee los rótulos.

tapa

tomate

dedo

montaña

Usa los rótulos para completar las oraciones.

1. La lata tiene una. _____

_____

2. El mapa tiene una _____

_____

3. La  muestra su _____

_____

4. ¿Qué tiene Memo? _____

© Macmillan/McGraw-Hill

 Para el hogar Pida a su niña o niño que dibuje dos palabras que tengan *t* y *d*. Pídale que coloque los rótulos.

Nombre _____

| mesa | lata | Lola | sopa |

Lee las parabras del recuadro. Mira los dibujos. Escribe una palabra para cada dibujo.

1. _____

2. _____

3. _____

4. _____

Para el hogar Pida a su niño o niña que lea las palabras.

Cómo has crecido • Grado I/Unidad I   **31**

Nombre _____

sala   liso   mole   suma   pálido   maleta

Escribe las vocales que faltan para completar las palabras de ortografía en cada oración. Luego, lee las oraciones.

A a
E e
I i
O o
U u

1. La tele está en la s a l a .

2. El piso es l i s o .

3. Pepe está p a l i d o .
a i o

4. Mi m a l e t a está aquí.

5. Me gusta el m o l e .

6. Ella s u m a .

Para el hogar Pida a su niño o niña que lea las vocales que escribió para completar cada palabra.

Nombre _____

correr   ser   montar

Completa cada oración usando una de las palabras en el recuadro. Encierra en un círculo el dibujo que corresponde a cada oración.

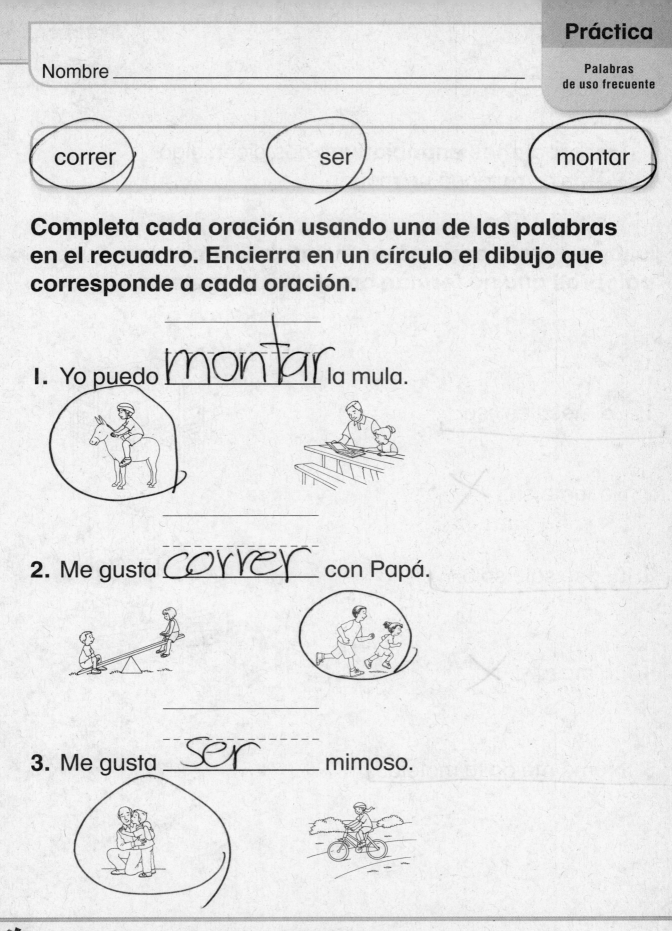

1. Yo puedo **montar** la mula.

2. Me gusta **correr** con Papá.

3. Me gusta **ser** mimoso.

Para el hogar Pida a su niño o niña que escoja un dibujo y escriba una oración usando una de las palabras del recuadro.

Cómo has crecido • Grado I/Unidad I   33

© Macmillan/McGraw-Hill

Nombre _____

Las **oraciones enunciativas** nos dicen algo.
Ejemplo: Yo tengo un mapa.

Subraya las oraciones enunciativas. Tacha las palabras que no forman oraciones completas.

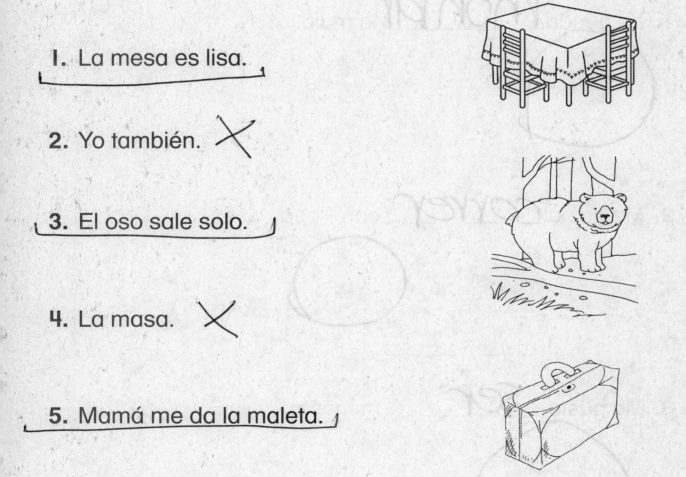

1. La mesa es lisa.

2. Yo también. ✗

3. El oso sale solo.

4. La masa. ✗

5. Mamá me da la maleta.

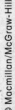
© Macmillan/McGraw-Hill

Para el hogar Pida a su niño o niña que genere oraciones completas con las frases que tachó.

Nombre _____

Suma las sílabas de la palabra para formar la palabra completa. Escríbela en la línea.

1. li + so   liso

2. sa + la   _____

3. mo + le   _____

4. ma + le + ta _____

5. su + ma   _____

6. pá + li + do _____

Escribe una oración con una de las palabras.

_____

_____

_____

Para el hogar Anime a su niño o niña a escribir una oración con una de las palabras que subrayó.

Cómo has crecido • **Grado I/Unidad I**   **35**

Práctica

Ortografía:
Sílabas abiertas con
l y *s*

Nombre _____

sala	liso	pálido	maleta	mole	suma

Ordena las sílabas y escribe las palabras.

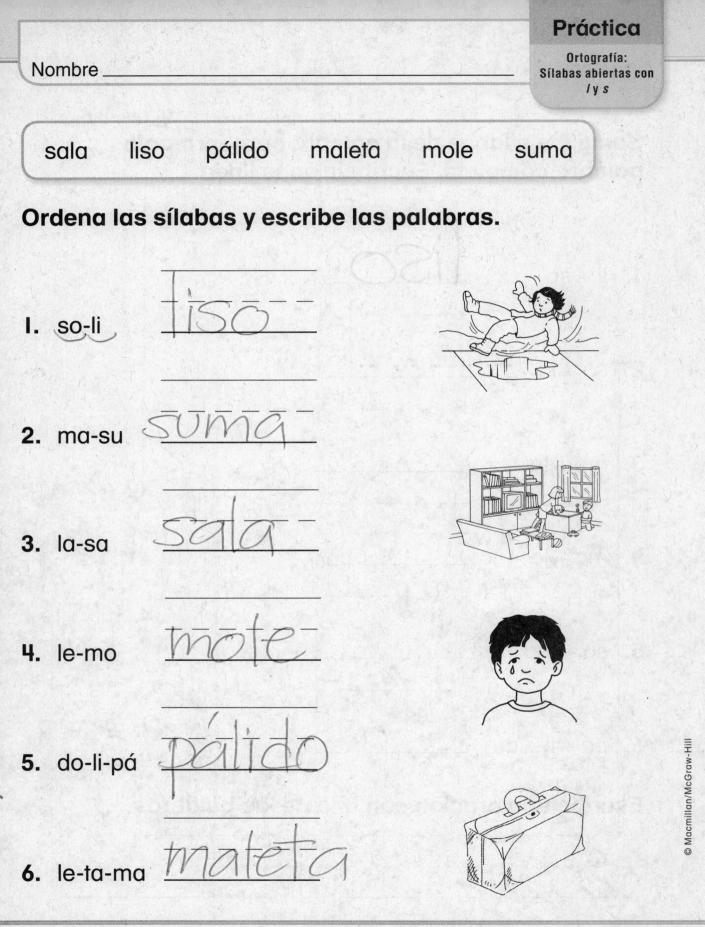

1. so-li   liso

2. ma-su   suma

3. la-sa   sala

4. le-mo   mote

5. do-li-pá   pálido

6. le-ta-ma   mateta

© Macmillan/McGraw-Hill

Para el hogar Pida a su niño o niña que recorte las sílabas que forman las palabras, de una revista. Hagan un *collage* de las palabras.

Mientras lees <u>Cómo has crecido</u>, completa el diagrama del orden de los sucesos.

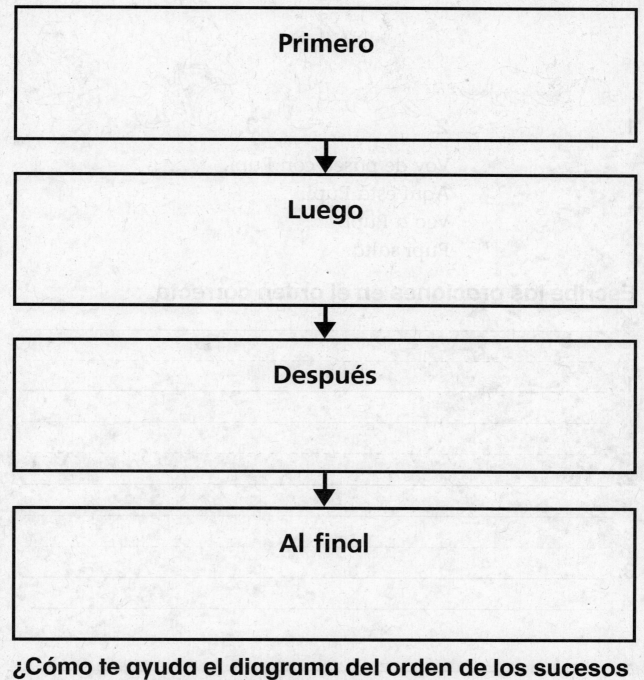

Primero

↓

Luego

↓

Después

↓

Al final

¿Cómo te ayuda el diagrama del orden de los sucesos a volver a contar <u>Cómo has crecido</u>?

Para el hogar Ayude a su niña o niño a usar el diagrama para volver a contar el cuento.

Cómo has crecido • Grado I/Unidad I   **37**

Nombre _____

Mira los dibujos del cuento. Lee las oraciones.

I.   **2.**      **3.**   **4.**

Voy de paseo con Pupi.
Aquí está Pupi.
Veo a Pupi.
Pupi salta.

Escribe las oraciones en el orden correcto.

I. _____

2. _____

3. _____

4. _____

© Macmillan/McGraw-Hill

Para el hogar Pida a su niña o niño que escriba una oración sobre lo que la niña y el gato podrían hacer después.

Nombre _____

Las **oraciones enunciativas** empiezan con letra **mayúscula** y terminan con un **punto**.

Lee cada oración. Escribe M si empieza con mayúscula. Escribe P si tiene un punto final.

1. Yo veo el puma en la loma. _____

el puma en la loma _____

2. a Lisa también _____

Me gusta la suma. _____

3. Mi mula da vueltas. _____

no puedo montar mi _____

4. la lima _____

Yo tengo una lima. _____

Para el hogar Pida a su niño o niña que lea las oraciones que están bien escritas.

Cómo has crecido • Grado I/Unidad I   **39**

Nombre _____

Presta atención a la entonación de las oraciones mientras lees.

	Lulú está en la sala. Ella está sola.
8	Lulú tiene una maleta. La tapa de la maleta es lisa.
19	Lulú sube la maleta a la mesa.
26	La mesa está sin tapete. La mesa también es lisa. 36

Comprobar la comprensión

1. ¿Lulú está sola?

2. ¿Qué tiene Lulú?

3. ¿Cómo es la tapa de la maleta?

4. ¿La mesa tiene tapete?

5. ¿Cómo es la mesa?

	Palabras leídas	–	Cantidad de errores	=	Puntaje de palabras
Primera lectura		–		=	
Segunda lectura		–		=	

© Macmillan/McGraw-Hill

 Para el hogar Anime a su niña o niño a leer y anote la cantidad de palabras que lee.

Nombre _____

El nombre de un libro es el **título**.
La persona que escribe el cuento es el **autor**.
La persona que hace las ilustraciones es el **ilustrador**.

Lee los rótulos de la cubierta del libro. Contesta las preguntas.

1. ¿Quién escribió el libro?

_____

- - - - - - - - - - - - - - - - -

_____

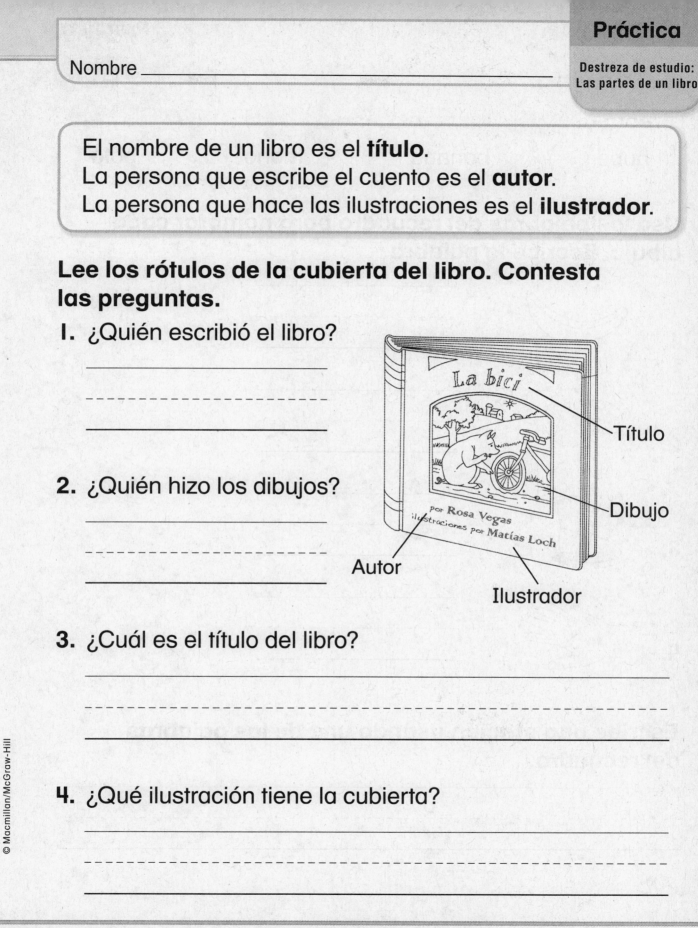

La bici

por Rosa Vegas
ilustraciones por Matías Loch

Título

Dibujo

Autor

Ilustrador

2. ¿Quién hizo los dibujos?

_____

- - - - - - - - - - - - - - - - -

_____

3. ¿Cuál es el título del libro?

_____

- -

_____

4. ¿Qué ilustración tiene la cubierta?

_____

- -

_____

© Macmillan/McGraw-Hill

Para el hogar Pida a su niña o niño que identifique el título, autor e
ilustrador de su libro favorito. Hablen sobre el libro.

Cómo has crecido • Grado I/Unidad I   **41**

Nombre _____

nube	banana	mano	bota

Usa las palabras del recuadro para nombrar cada dibujo. Escribe la palabra.

1. _____

2. _____

3. _____

4. _____

Escribe una oración usando una de las palabras del recuadro.

_____

_____

Para el hogar Anime a su niño o niña a encontrar objetos en su hogar cuyos nombres comiencen con *b* o *n*.

Práctica

Ortografía:
Sílabas abiertas con
b y *n*

Nombre _____

| Beto | Toni | tina | bate | tuba | tono |

Suma las partes de la palabra para formar la palabra completa. Escríbela en la línea.

1. Be + to = _____

2. ti + na = _____

3. To + ni = _____

4. ba + te = _____

5. tu + ba = _____

6. to + no = _____

Escribe una oración con una de las palabras.

_____

_____

Para el hogar Anime a su niño o niña a identificar en revistas las palabras de ortografía.

van	va	dentro	muy	bien

Escribe una palabra del recuadro para completar cada oración.

_____

- - - - - - - - - - - - -

1. Yo puedo correr muy _____ .

_____

- - - - - - - - - - - - -

2. La bola está _____ de la lata.

_____

- - - - - - - - - - - - -

3. Yo veo a Pipo _____ solo.

_____

- - - - - - - - - - - -

4. Tita _____ de paseo con Pepe.

_____

- - - - - - - - - - - - -

5. Nino y su papá _____ a salir.

© Macmillan/McGraw-Hill

Para el hogar Pida a su niño o niña que escriba una oración con una de las palabras.

Nombre _____

Las **oraciones interrogativas** son las que hacen una pregunta. Ejemplo: ¿Quién tiene la pelota?

Las **oraciones exclamativas** son las que expresan emociones muy intensas. Ejemplo: ¡Estoy muy feliz!

**Escribe I al lado de cada oración interrogativa.
Escribe E al lado de cada oración exclamativa.**

_____

1. ¿Qué tiene el bebé?   _____

2. ¡Yo no soy un bebé!   _____

3. ¿Cómo es la mesa?   _____

**Muchas preguntas y exclamaciones empiezan con las palabras *qué, cómo, cuándo* y *dónde*. Estas palabras llevan acento.
Lee las siguientes oraciones y agrega los acentos donde corresponda.**

_____

1. ¡Que lindo día!   _____

2. ¿Donde está mi libro?   _____

Para el hogar Pida a su niño o niña que lea las oraciones interrogativas y exclamativas con la entonación adecuada.

La pata Bonita • **Grado I/Unidad I**   **45**

Nombre _____

Los **nombres de personas** siempre se escriben
con **mayúscula.**
Ejemplo: Beto, Toni

**Encierra en un círculo los nombres de las personas.
Escribe ✓ si está bien escrito. Escríbelo correctamente
si no está bien escrito.**

1. Ana tiene una pelota.

_____

2. Me gusta salir de paseo con lola.

_____

3. Tomás va a correr mañana.

_____

4. ¡Muy bien, susana!

_____

5. La pelota es de tomi.

_____

© Macmillan/McGraw-Hill

Para el hogar Pida a su niño o niña que escriba los nombres de
algunos de sus amigos o familiares y señale la letra mayúscula.

Nombre _____

Escribe las palabras de ortografía que corresponden a cada dibujo.

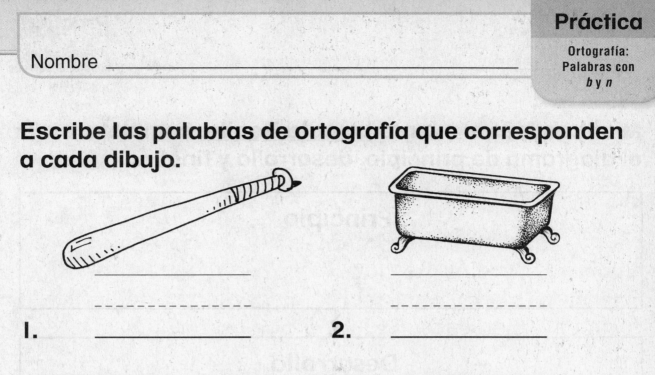

1. _____   2. _____

Encierra en un círculo la palabra de ortografía que está escrita correctamente. Escríbela en la línea.

_____

3. teba   tabe   bate   _____

4. noti   Toni   toin   _____

5. Beto   tebo   tobe   _____

6. nita   tina   inta   _____

7. batu   buta   tuba   _____

8. tono   onto   oont   _____

Para el hogar Pida a su niño o niña que haga un cuento con las palabras. Puede comenzar con esta frase: *Un día, Toni...*

La pata Bonita • Grado I/Unidad I   **47**

Mientras lees el cuento <u>La pata Bonita</u>, completa el diagrama de principio, desarrollo y final.

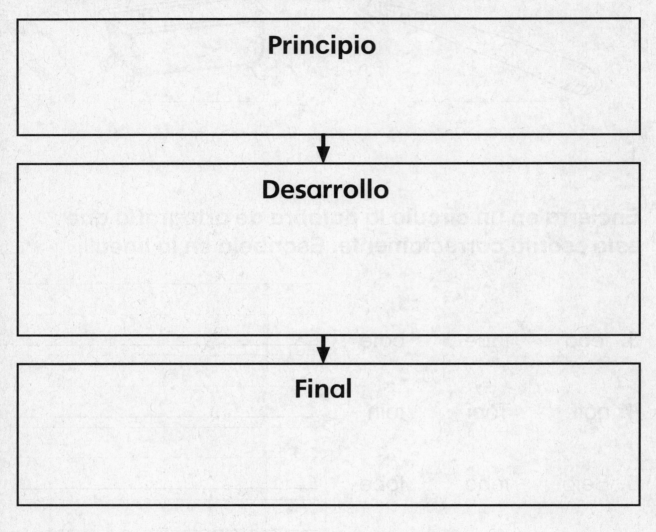

Principio

↓

Desarrollo

↓

Final

¿Cómo te ayuda el diagrama de principio, desarrollo y final a entender mejor el cuento <u>La pata Bonita</u>?

Para el hogar Pida a su niño o niña que use el diagrama para volver a contar el cuento.

© Macmillan/McGraw-Hill

Nombre _____

Lee el cuento.

De paseo

Mamá, Papá y Beto van a salir de paseo.
Yo voy también.

A Beto le gusta correr mucho. A mí también.
A Beto le gusta dar vueltas. A mí también.

Veo a Toni.

—Dame la pelota —dijo Toni.

—No veo la pelota —dijo Papá.

Lee las oraciones. Escribe <u>P</u> para las oraciones del principio, <u>D</u> para las del desarrollo y <u>F</u> para el final.

1. Mamá, Papá y Beto van a salir de paseo. _____

2. A Beto le gusta dar vueltas. _____

3. Veo a Toni. _____

4. —No veo la pelota —dijo Papá. _____

Para el hogar Pida a su niño o niña que vuelva a contar el cuento en el orden correcto.

© Macmillan/McGraw-Hill

Práctica

Gramática:
Oraciones
interrogativas y
exclamativas

Nombre_____

> Las **oraciones interrogativas** llevan un signo de interrogación al principio y al final.
>
> Las **oraciones exclamativas** llevan un signo de exclamación al principio y al final.

Escribe correctamente las siguientes oraciones. Recuerda agregar el acento donde corresponda y usar los signos de exclamación o interrogación al principio y al final.

I. Que veo en la mesa?

----

2. ¡Que emoción

----

3. ¿Quien tiene el bate

----

4. Cuando cumples años?

© Macmillan/McGraw-Hill

50 La pata Bonita • **Grado I/Unidad I**

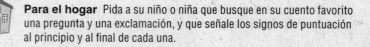

Para el hogar Pida a su niño o niña que busque en su cuento favorito una pregunta y una exclamación, y que señale los signos de puntuación al principio y al final de cada una.

Nombre_____

Presta atención a la entonación de las preguntas y exclamaciones mientras lees.

	Yo puedo salir de paseo.
5	¿Va a salir Mimi de paseo?
11	¡Yo voy de paseo, también!
16	¿Puedo saltar y correr después?
21	¡Beto quiere saltar y correr también!
27	Los nenes están dentro de la tina.
34	¿Van los niños de paseo? 39

Comprobar la comprensión

1. ¿Va a salir Mimi de paseo?

2. ¿Quién va a saltar y correr?

	Palabras leídas	−	Cantidad de errores	=	Puntaje de palabras
Primera lectura		−		=	
Segunda lectura		−		=	

© Macmillan/McGraw-Hill

Para el hogar Ayude a su niño o niña a leer. Pídale que preste atención a las preguntas y exclamaciones.

Nombre _____

Una **lista** es una serie de cosas escritas en orden.

Los niños pueden:

1.

2.

3.

4.

Mira la lista de dibujos que aparece arriba. Luego traza una línea entre el número y el dibujo para ordenarlos.

1.

2.

3.

4.

© Macmillan/McGraw-Hill

Para el hogar Ayude a su niño o niña a hacer una lista de lo que le gusta hacer en orden de prioridad.

Nombre _____

Haz un dibujo debajo de cada palabra. Vuelve a escribir las palabras.

_____   _____

I. venado _____   **2.** niño _____

_____   _____

3. nave _____   **4.** baño _____

Para el hogar   Anime a su niña o niño a escribir una oración con las
palabras que dibujó.

Fútbol • **Grado I/Unidad I**   **53**

© Macmillan/McGraw-Hill

Nombre _____

| niña | mañana | viña | vela | moño | diva |

Usa las claves para escribir las palabras de ortografía en la línea.

_____

1. comienza como **vale** y rima con **tela**   _____

_____

2. comienza como **nido** y rima con **piña**   _____

_____

3. comienza como **velo** y rima con **niña**   _____

_____

4. comienza como **mano** y rima con **Ana**   _____

_____

5. comienza como **mapa** y rima con **Toño**   _____

_____

6. comienza como **dama** y rima con **chiva**   _____

© Macmillan/McGraw-Hill

Para el hogar Usando este patrón, anime a su niña o niño a escribir una clave para *leña*.

Nombre_____

Escribe una palabra del recuadro para completar cada oración.

| queda | ayudar | usar | ahora |

1. A Pepe le gusta _____ a Lila.

2. Sali va a _____ su moño.

3. Beto pone una moneda _____.

4. Minino se _____ en el tapete.

Para el hogar Pida a su niña o niño que use una palabra del recuadro en una oración. Pídale que haga un dibujo de su oración.

Fútbol • Grado I/Unidad I   **55**

Nombre_____

Una **oración** es un grupo de palabras que expresa una idea completa. Una oración comienza con letra mayúscula y termina con un punto.

Escribe C si la oración expresa una idea completa. Termina la frase si no expresa una idea completa.

I. Me gusta ayudar a Nino._____

_____

2. La viña de Tami_____

_____

Escribe correctamente las siguientes oraciones interrogativas y exclamativas. Recuerda agregar el acento donde corresponda y usar los signos de exclamación o interrogación al principio y al final.

I. ¡Que calor_____

_____

2. Cuando iremos al cine?_____

_____

Para el hogar Pida a su niño o niña que escriba oraciones interrogativas o exclamativas con las siguientes palabras: *qué, quién, dónde, cuándo.*

Nombre_____

Algunas palabras se escriben con *b* y otras con *v*.
La *b* y la *v* tienen la misma pronunciación.
Compara: vote   bote

Completa las palabras con *b* o *v*.

1. pa_____o

2. esta_____a

3. _____ale

4. _____anana

5. _____ela

6. _____ebida

Escribe una oración usando una de las palabras.

_____

_____

_____

© Macmillan/McGraw-Hill

Para el hogar Pida a su niña o niño que haga un dibujo de dos de las palabras y escriba la letra con la que comienza el nombre (*b* o *v*).

Fútbol • **Grado I/Unidad I**   **57**

Nombre _____

| vela | moño | viña | diva | mañana | niña |

Lee las oraciones. Mira la palabra de ortografía que está subrayada. Encierra en un círculo la palabra si está bien escrita. Tacha la palabra si no está bien escrita.

1. Melisa mira la <u>vela</u>.

2. A Vito le gusta correr por la <u>mañaña</u>.

3. Voy de paseo a la <u>viña</u> de Nina.

4. La <u>ñina</u> es Lila.

5. Se poñe el <u>moñño</u> bonito.

6. Ella es una <u>diva</u>.

© Macmillan/McGraw-Hill

Para el hogar Pida a su niña o niño que clasifique las palabras en dos columnas; una para palabras con *v* y otra para palabras con *ñ*.

Nombre _____

Mientras lees <u>Fútbol</u>, completa el diagrama del propósito del autor.

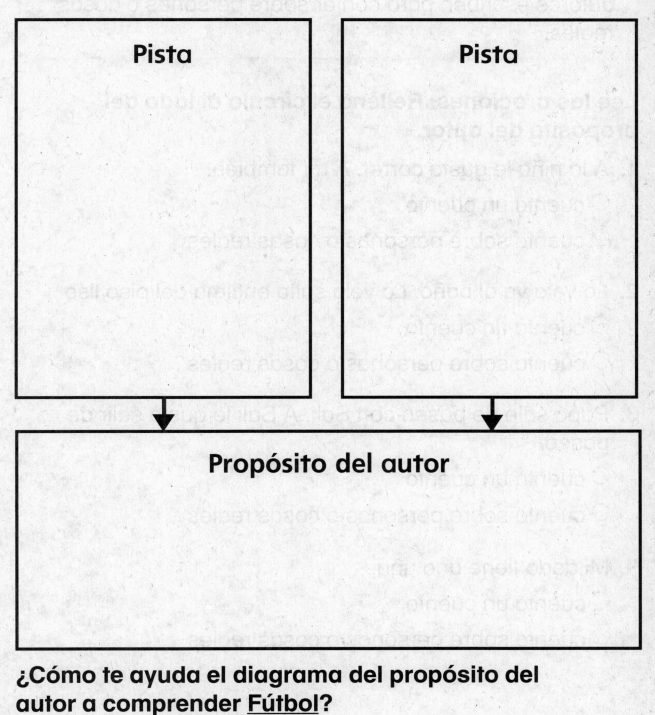

Pista	Pista

Propósito del autor

¿Cómo te ayuda el diagrama del propósito del autor a comprender <u>Fútbol</u>?

Para el hogar Pida a su niña o niño que use el diagrama para volver a contar el cuento.

© Macmillan/McGraw-Hill

Nombre_____

Algunos autores escriben para contar un cuento. Otros autores escriben para contar sobre personas o cosas reales.

Lee las oraciones. Rellena el círculo al lado del propósito del autor.

1. A la niña le gusta correr. A mí también.
   ○ cuenta un cuento
   ○ cuenta sobre personas o cosas reales

2. La vela va al baño. La vela salta encima del piso liso.
   ○ cuenta un cuento
   ○ cuenta sobre personas o cosas reales

3. Papá sale de paseo con Sali. A Sali le gusta salir de paseo.
   ○ cuenta un cuento
   ○ cuenta sobre personas o cosas reales

4. Mi dedo tiene una uña.
   ○ cuenta un cuento
   ○ cuenta sobre personas o cosas reales

© Macmillan/McGraw-Hill

Para el hogar Pida a su niña o niño que describa algo real y le explique por qué le dio esa información.

Nombre_____

Cada **oración** comienza con letra **mayúscula**.
Cada oración termina con un **punto**.

Escribe C si la oración está escrita correctamente.
Si la oración no está bien escrita, escribe la letra
que describe lo que harías para corregirla.

Ⓐ   Usar mayúscula al principio.

Ⓑ   Agregar un punto al final.

Ⓒ   Correcto

1. mañana Beto va a montar la mula.   _____

2. Lila tiene un nudo de lana.   _____

3. Tami va a correr con su animalito   _____

4. Vito baña al pato   _____

5. A Pipo le gusta saltar.   _____

6. tito está en la sala.   _____

© Macmillan/McGraw-Hill

Para el hogar Pida a su niño o niña que señale las letras mayúsculas y
los puntos al final de las oraciones en su cuento favorito.

Nombre_____

Presta atención a la entonación de las oraciones mientras lees.

	Soy Toña. Me gusta ayudar a mi mamá
8	y a mi papá.
12	Yo puedo ayudar a bañar al bebé.
19	También puedo salir de paseo con Pipo.
26	Después voy a lavar el vaso de la mesa.
35	Mamá pone el tapete en la mesa. 42

Comprobar la comprensión

1. ¿En qué puede ayudar Toña?

2. ¿Qué pone la mamá en la mesa?

	Palabras leídas	–	Cantidad de errores	=	Puntaje de palabras
Primera lectura		–		=	
Segunda lectura		–		=	

Para el hogar Ayude a su niño o niña a leer y pídale que preste atención a los signos de puntuación.

Las palabras que **riman** tienen diferentes sonidos al principio y el mismo sonido al final. Las palabras que forman una **aliteración** tienen diferentes sonidos al final y el mismo sonido al principio.

A. Lee cada poema. Escribe en la línea las palabras que riman.

1. La niña mira la tela
que está bajo la vela.

_____

_____

2. Yo veo la viña
y también a la niña.

_____

_____

B. Lee cada poema. Escribe en la línea las palabras que forman una aliteración.

3. La niña nació de noche,
su nana la lleva en
coche.

_____

_____

4. La niña se apoya sobre
su banca, ve una nube
bailarina, bonita y
blanca.

_____

_____

© Macmillan/McGraw-Hill

 Para el hogar Anime a su niño o niña a agregar otra línea que rime en uno de los poemas. Sugiérale que use una serie de palabras que comiencen con el mismo sonido.

Fútbol • **Grado I/Unidad I** **63**

| chivo | fecha | chile | flor |

Lee las palabras del recuadro. Luego usa *f* o *ch* para completar las palabras. Encierra en un círculo el dibujo que corresponda.

I. _____ echa

2. _____ ile

3. _____ oto

4. _____ ivo

Para el hogar Pida a su niño o niña que lea las palabras con *f* y *ch*.

© Macmillan/McGraw-Hill

Nombre _____

| fachada | felino | ficha | chuleta | fecha | fama |

Lee las palabras del recuadro. Encierra en un círculo las palabras de ortografía.

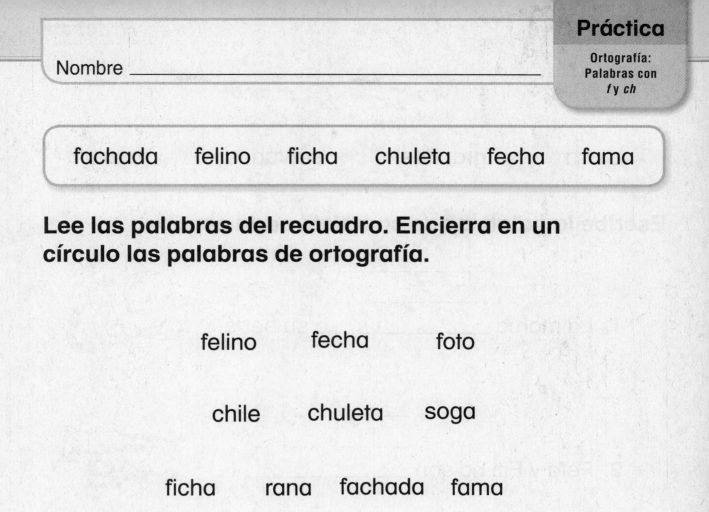

felino   fecha   foto

chile   chuleta   soga

ficha   rana   fachada   fama

Escribe las palabras que encerraste en círculos.

1. _____ 2. _____ 3. _____

4. _____ 5. _____ 6. _____

© Macmillan/McGraw-Hill

Para el hogar Pida a su niño o niña que busque objetos en su cocina
que comiencen con *f* o *ch*. Pídale que haga un dibujo de la cocina y rotule
los objetos.

Nombre _____

| mira | grandes | sentados | jugar |

Escribe la palabra que completa cada oración.

_____

1. La mamá _____ a su bebé.

_____

2. Fefa y Fifi no son _____.

_____

3. Fina y Nino están _____.

_____

4. Van a _____ con su mamá.

© Macmillan/McGraw-Hill

Para el hogar Pida a su niño o niña que use una de las palabras para generar una oración acerca de los gatos y los perros.

Nombre _____

El **sustantivo** es una palabra que nombra personas, animales, lugares o cosas.

persona	animal	lugar	cosa

el niño	el chivo	la loma	el bate

Encierra en un círculo el sustantivo de cada oración.

1. Chela corre mucho.

2. Va a jugar con la pelota.

3. La mamá salta.

4. Veo a una niña.

5. Va a jugar en la loma.

6. El chivo da vueltas.

 Para el hogar Señale sustantivos en su casa. Pida a su niño o niña que explique si son personas, cosas o lugares.

Familias diferentes 67
Grado I/Unidad 2

© Macmillan/McGraw-Hill

Práctica

Ortografía:
Sílabas abiertas con
f y *ch*

Cuando una palabra con *ch* se divide en sílabas,
ch **nunca se separa**.

**Escribe una rayita (-) entre las sílabas para dividir
la palabra. Escribe la palabra en la línea.**

1. felino _____

2. ficha _____

3. fecha _____

4. fama _____

5. fachada _____

Para el hogar Pida a su niño o niña que piense en más palabras con
ch. Pídale que de palmadas para dividir las palabras en voz alta.

Nombre _____

Mira cada juego de palabras. Una palabra de cada juego está deletreada correctamente. Usa un lápiz para rellenar el círculo enfrente de esa palabra.

Ejemplo

- ● A. chuleta
- ○ B. lucheta
- ○ C. techula

1. ○ A. chutela
   ○ B. latucha
   ○ C. chuleta

2. ○ A. ficha
   ○ B. chafi
   ○ C. fichi

3. ○ A. famo
   ○ B. famma
   ○ C. fama

4. ○ A. lefino
   ○ B. felino
   ○ C. nolefi

5. ○ A. fecha
   ○ B. chefa
   ○ C. fache

6. ○ A. dachafa
   ○ B. fachada
   ○ C. chafada

© Macmillan/McGraw-Hill

 Para el hogar Anime a su niño o niña a recortar las letras de cada palabra de revistas o periódicos. Pídale que vuelva a crear las palabras.

Familias diferentes
Grado 1/Unidad 2 69

Nombre _____

Mientras lees <u>Familias diferentes</u>, completa la red de idea principal y detalles.

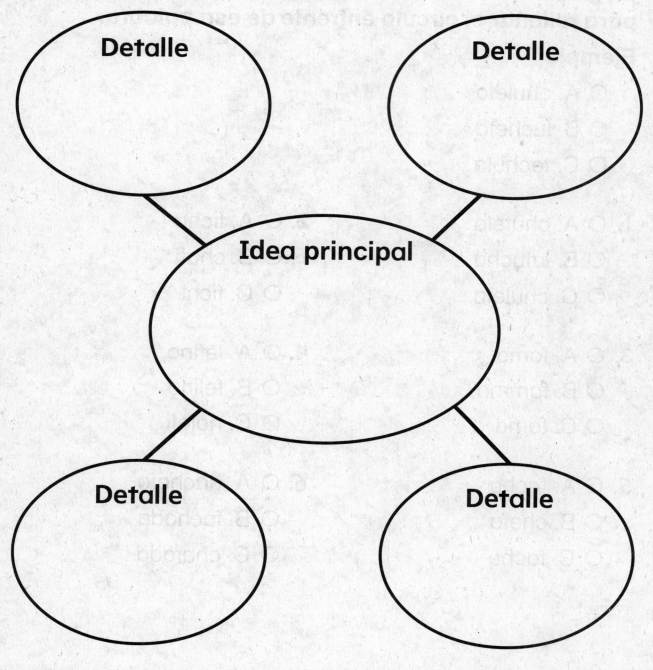

Detalle

Detalle

Idea principal

Detalle

Detalle

¿Cómo te ayuda la red de idea principal y detalles a volver a contar <u>Familias diferentes</u>?

Para el hogar Pida a su niño o niña que use la red para volver a contar el cuento.

Nombre _____

La **idea principal** habla de lo que trata un cuento.

Mira el dibujo. Encierra en un círculo todas las oraciones que describen el dibujo.

1. Los niños van en la mula.

2. Tito sube.

3. Los niños van a jugar.

4. El felino está aquí.

Escribe una oración que diga la idea principal del dibujo.

_____

_ _ _ _ _ _ _ _ _ _ _ _ _ _ _ _ _ _

_____

Para el hogar Pida a su niño o niña que busque en revistas unos dibujos que muestren a personas trabajando o jugando. Pídale que escriba una oración que diga la idea principal de cada dibujo.

Familias diferentes
Grado 1/Unidad 2

71

Cada **oración comienza** con una letra **mayúscula**.
Cada **oración termina** con un **punto final**.

**Escribe CORRECTO si la oración comienza
con letra mayúscula y termina con un punto.
Vuelve a escribir las oraciones si están escritas
incorrectamente.**

I. veo un felino

_____

_____

2. Fifi mira a Chela en la sala.

_____

_____

3. fefa y Chucho van sentados

_____

_____

4. La mamá sabe mucho.

_____

_____

Para el hogar Lea un libro con su niño o niña. Pídale que señalen las
letras mayúsculas al principio y los puntos al final de cada oración.

© Macmillan/McGraw-Hill

Nombre _____

Mientras lees, presta atención a la entonación de las oraciones del cuento.

	Tengo un animalito muy mimoso.
5	Es un felino. El felino toma leche.
12	Al felino le gusta mucho la leche.
19	El felino sale de noche.
24	El felino se sube al techo.
30	¡Qué bonito es este animalito! 35

Comprobar la comprensión

1. ¿Qué le gusta al felino?

2. ¿Cómo es el felino?

	Palabras leídas	–	Cantidad de errores	=	Puntaje de palabras
Primera lectura		–		=	
Segunda lectura		–		=	

© Macmillan/McGraw-Hill

 Para el hogar Ayude a su niño o niña a leer el pasaje. Pídale que preste atención a la meta en la parte superior de la página.

Familias diferentes **73**
Grado I/Unidad 2

Los **patrones rítmicos** son sonidos y palabras
que se repiten para darle ritmo a un poema.

Lee el poema.

Al felino Chucho,
le gusta mucho,
jugar con Pipo, Pepe
y Pucho.

Le gusta la lata
que tiene patata.
Yo lo saludo
y me da una pata.

I. Escribe las palabras que riman en la primera parte.

_____

- -

_____

2. Escribe las palabras que riman en la segunda parte.

_____

- -

_____

© Macmillan/McGraw-Hill

 Para el hogar Con su niño o niña, aplauda al ritmo de cada
estrofa del poema.

Nombre_____

Lee cada palabra. Completa la palabra.

| perro | corre | rata |

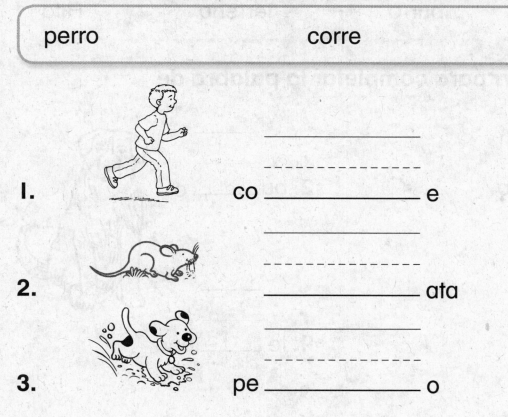

I. co _____ e

2. _____ ata

3. pe _____ o

Lee las sílabas. Luego, combínalas para formar una palabra. Escribe la palabra en el espacio en blanco.

I. re-no _____

2. go-rra _____

3. ca-rro _____

4. ra-mo _____

 Para el hogar Pida a su niño o niña que invente dos oraciones usando las palabras del recuadro.

Un nido para dos • Grado I/Unidad 2   75

| perro | burro | terreno | Rita |

Escribe *r* o *rr* para completar la palabra de ortografía.

1. pe ____ o

2. bu ____ o

3. ____ ita

4. te ____ eno

Lee las sílabas. Luego, combínalas para formar una palabra. Escribe la palabra en el espacio en blanco.

1. tie-rra _____

3. ca-rre-ta _____

2. ra-ma _____

4. ra-ci-mo _____

Para el hogar Pida a su niño o niña que invente una oración o un cuento divertido usando palabras que comiencen con la letra *r* o que contengan la letra *rr*.

Nombre_____

Escribe una palabra del recuadro para completar cada oración.

desorden	empezó	recoger

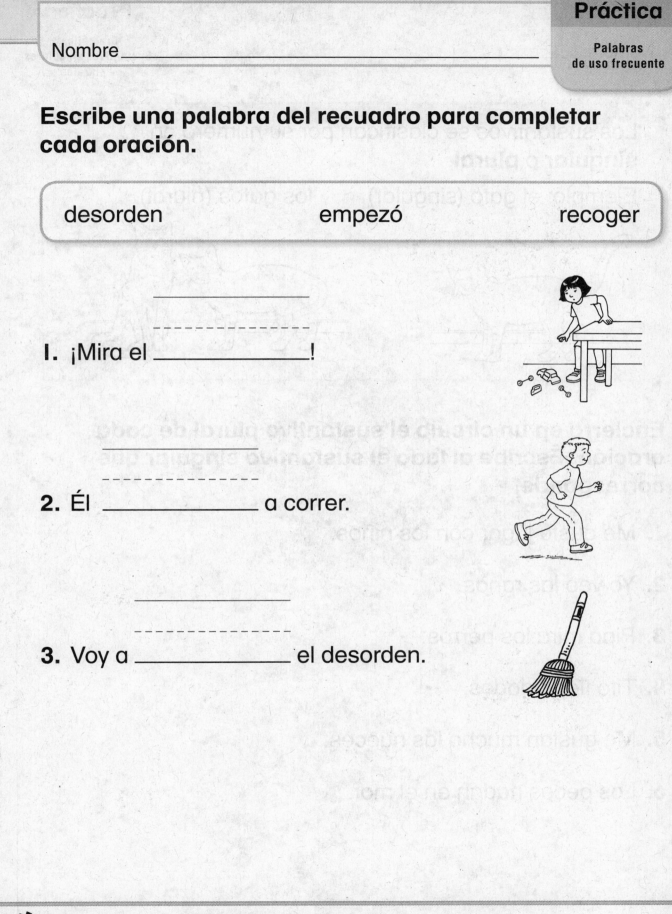

1. ¡Mira el _____!

2. Él _____ a correr.

3. Voy a _____ el desorden.

Para el hogar Pida a su niño o niña que escriba otra oración usando una de las palabras del recuadro.

Un nido para dos • **Grado I/Unidad 2**   **77**

Los sustantivos se clasifican por su número en **singular** o **plural**.

Ejemplo: el gato (singular)   los gatos (plural)

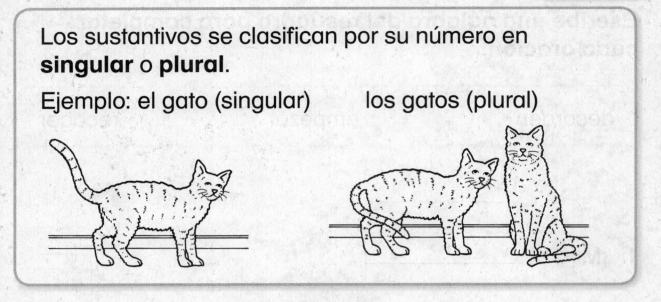

Encierra en un círculo el sustantivo plural de cada oración. Escribe al lado el sustantivo singular que corresponde.

1. Me gusta jugar con los niños.

2. Yo veo las ranas.

3. Pipa mira los perros.

4. Tito tiene dados.

5. Me gustan mucho las nueces.

6. Los peces nadan en el mar.

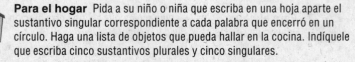

Para el hogar Pida a su niño o niña que escriba en una hoja aparte el sustantivo singular correspondiente a cada palabra que encerró en un círculo. Haga una lista de objetos que pueda hallar en la cocina. Indíquele que escriba cinco sustantivos plurales y cinco singulares.

© Macmillan/McGraw-Hill

Nombre _____

La *r* al comienzo de la palabra siempre tiene un sonido fuerte. Si el sonido fuerte está presente en medio de la palabra y entre vocales, se usa *rr*.

Ejemplo: rosa, morro

Completa las siguientes palabras con *r* o *rr* según corresponda. Luego, lee las palabras que formaste.

1. _____ ana

2. pe _____ o

3. te _____ eno

Lee las sílabas. Luego, combínalas para formar una palabra. Escribe la palabra en el espacio en blanco.

1. ro-pa _____

2. ca-rre-ra _____

Para el hogar Pida a su niño o niña que escriba una oración usando otra palabra que contenga *r* inicial o *rr*.

Un nido para dos • Grado I/Unidad 2   **79**

© Macmillan/McGraw-Hill

Escribe una X al lado de las palabras que estén escritas correctamente.

1. perrro _____

   perro _____

2. Rita _____

   Ritta _____

3. ropa _____

   rropa _____

4. tore _____

   torre _____

5. tiera _____

   tierra _____

6. rrama _____

   rama _____

Usa las letras del recuadro para completar las palabras.

r	rr

1. _____ uta

2. te _____ eno

Para el hogar Pida a su niño o niña que escriba una oración usando una palabra con *r* o *rr*.

Nombre_____

Mientras lees <u>Un nido para dos</u>, completa el diagrama de volver a contar.

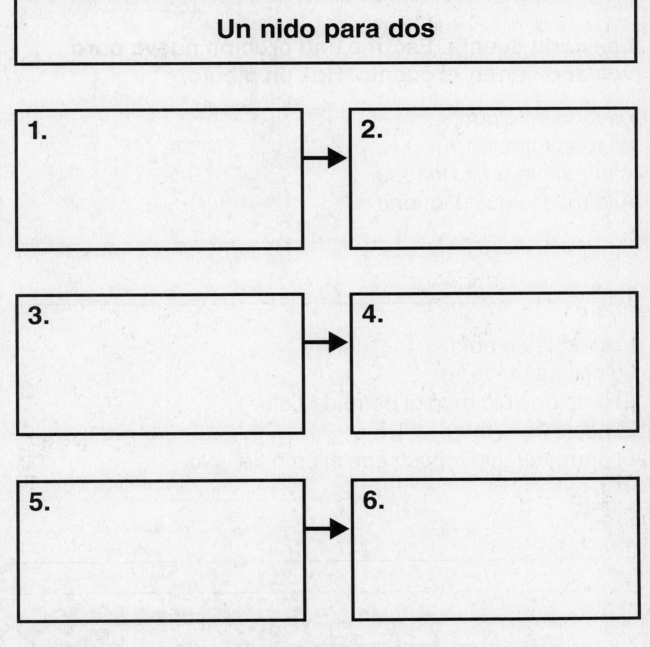

Un nido para dos

1.	2.

3.	4.

5.	6.

¿Cómo te ayuda el diagrama de volver a contar a recordar <u>Un nido para dos</u>?

Para el hogar Pida a su niño o niña que use el diagrama para volver a contar el cuento.

Nombre_____

Cuando **vuelves a contar** un cuento, repites las partes más importantes.

Lee cada cuento. Escribe una oración nueva para volver a contar el cuento. Haz un dibujo.

La rana está aquí.
La rosa también.
A la rana le gusta la rosa.
A la rosa le gusta la rana.

_____

I. _____

Lola tiene un pato.
Lalo tiene un perro.
El pato de Lola mira al perro de Lalo.
El perro no lo mira.
El perro de Lalo reposa con el pato de Lola.

_____

2. _____

_____

© Macmillan/McGraw-Hill

Para el hogar Pida a su niño o niña que vuelva a contar los cuentos.

Nombre _____

Los sustantivos se clasifican por su número en **singular** o **plural**. Para formar el plural de un sustantivo, en general hay que agregarle *s* o *es* al final.

Cuando un sustantivo singular termina en *z*, hay que cambiar la *z* por *c* al formar el plural (lápiz, lápices)

Lee los sustantivos singulares. Escribe los plurales de esos sustantivos.

I. el burro _____

2. la rima _____

3. la rosa _____

4. el lápiz _____

Lee los sustantivos plurales. Escribe esos sustantivos en singular.

I. las luces _____

2. los monos _____

3. las raíces _____

4. los baúles _____

Para el hogar Pida a su niño o niña que escriba otras palabras y sus plurales. Escriba en una hoja las siguiente palabras: *peces, oso, perros, coles* y *luz.* Pida a su niño o niña que encierre en un círculo los sustantivos singulares y que subraye los sustantivos plurales.

Presta atención a la entonación de las oraciones mientras lees.

	Tito y Rita van a salir a jugar.
8	El perro va a salir a jugar también.
16	El perro salta y da vueltas.
22	Tito y Rita corren y saltan.
28	Ahora están sentados.
31	Tito mira a Rita: —Me gusta saltar.
38	Rita mira a Tito: —Me gusta correr. 45

Comprobar la comprensión

1. ¿Quién sale?

2. ¿Van a jugar?

	Palabras leídas	–	Cantidad de errores	=	Puntaje de palabras
Primera lectura		–		=	
Segunda lectura		–		=	

© Macmillan/McGraw-Hill

Para el hogar Ayude a su niño o niña a leer el pasaje. Pídale que preste atención al objetivo en la parte superior de la página.

Nombre _____

Un **diagrama** es un dibujo con rótulos que explican las partes.

perro

nido

rama

rana

Escribe una palabra del diagrama para completar cada oración.

_____
- - - - - - - - - - - - - - - - -

1. La _____ nada.

_____   _____
- - - - - - - - - - -   - - - - - - - - - - -

2. El _____ está en la _____.

_____
- - - - - - - - - - -

3. Un _____ está aquí.

© Macmillan/McGraw-Hill

 Para el hogar Pida a su niño o niña que piense en otros animales que podría agregar al diagrama. Pídalo que escriba los nombres en el diagrama.

Nombre _____

| gato | gala | gorra | goma | Guille | gana |

Lee las palabras del recuadro. Escribe las letras que faltan para completar las palabras.

1. _____ ato

2. _____ ana

3. _____ ille

4. _____ oma

5. _____ ala

6. _____ orra

Lee las sílabas. Luego, combínalas para formar una palabra. Escribe la palabra en el espacio en blanco.

1. si-gue _____

2. go-ta _____

3. gu-sa-no _____

4. á-gui-la _____

Para el hogar Pida a su niño o niña que use dos de las palabras para hablar sobre su día en la escuela.

© Macmillan/McGraw-Hill

Nombre _____

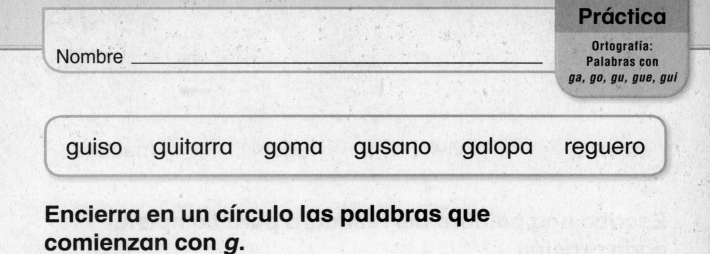

| guiso | guitarra | goma | gusano | galopa | reguero |

Encierra en un círculo las palabras que comienzan con *g*.

Completa las palabras con *ga*, *go*, *gu*, *gui* o *gue*.

1. _____ sano

2. re _____ ro

3. _____ tarra

4. _____ ma

5. _____ so

6. _____ lopa

Para el hogar Pida a su niño o niña que use dos de las
palabras de ortografía para escribir oraciones.

En el mapa • Grado 1/Unidad 2   **87**

Nombre _____

| afuera | vivir | lugar | muchos |

Escribe una palabra del recuadro para completar cada oración.

_____

- - - - - - - - - - - - - - -

1. Va a _____ en un nido.

_____

- - - - - - - - - - - - - - -

2. Es un _____ bonito.

_____

- - - - - - - - - - - - - - -

3. Veo gotas _____.

_____

- - - - - - - - - - - - - - -

4. Tiene _____ patitos.

© Macmillan/McGraw-Hill

Para el hogar Pida a su niño o niña que escriba una oración usando una o dos palabras del recuadro.

Nombre _____

Los sustantivos pueden ser **masculinos** o **femeninos**.

La palabra *el* va delante de muchos **sustantivos masculinos**.

La palabra *la* va delante de muchos **sustantivos femeninos**.

Encierra en un círculo los sustantivos masculinos. Subraya los sustantivos femeninos.

I. El gato mira a la gata.

2. La torre está aquí.

3. La dama está en la sala.

4. El niño toma la guitarra.

¿Cómo sabes si un sustantivo es masculino o femenino?

_____

- -

_____

© Macmillan/McGraw-Hill

 Para el hogar Pida a su niña o niña que elija un sustantivo de arriba para usar en una oración.

En el mapa • Grado I/Unidad 2   **89**

Nombre _____

Para lograr los sonidos **/gue/** y **/gui/**, debes agregar la **u** entre la **g** y la vocal. Las sílabas **gue** y **gui** nunca se separan al dividir una palabra.

| guiso | reguero | guitarra | guepardo |

Agrega las sílabas que faltan en las palabras de las siguientes oraciones.

_____
- - - - - - - - - -

1. El _____pardo está en la loma.

_____
- - - - - - - - - -

2. ¡Qué re_____ro!

_____
- - - - - - - - - -

3. ¿Te gusta el _____so de pollo?

_____
- - - - - - - - - -

4. Rita tiene la _____tarra.

Para el hogar Pida a su niño o niña que escriba una oración con una de las palabras.

© Macmillan/McGraw-Hill

Nombre _____

Encierra en un círculo las palabras que están bien escritas.

1. goam   maog   goma

2. guiso   sigou   iguso

3. angosu   gusano   nagosu

4. alpoga   galpao   galopa

5. guerore   reguero   roguero

6. guitarra   taragui   guarrita

Para el hogar Pida a su niña o niño que escriba una oración
usando una de las palabras de arriba.

En el mapa • Grado I/Unidad 2   91

© Macmillan/McGraw-Hill

Nombre _____

Mientras lees <u>En el mapa</u>, completa el diagrama de idea principal y detalles.

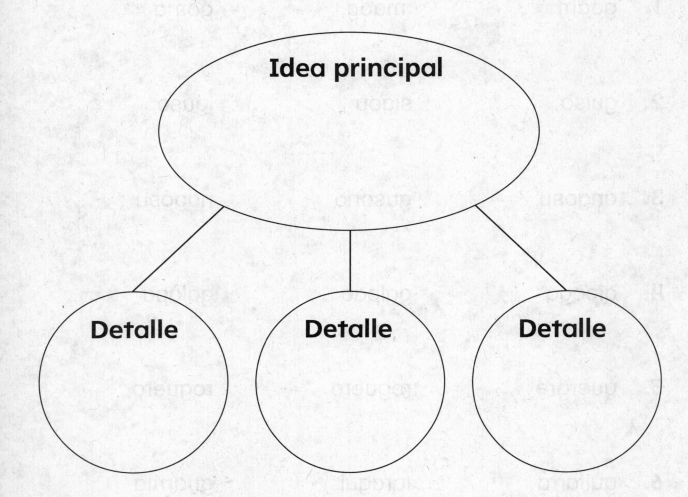

Idea principal

Detalle   Detalle   Detalle

¿Cómo te ayuda el diagrama de idea principal y detalles a comprender mejor <u>En el mapa</u>?

Para el hogar Pida a su niño o niña que use el diagrama
para volver a contar el cuento.

© Macmillan/McGraw-Hill

Nombre _____

La **idea principal** es de lo que trata el cuento.

Los **detalles** cuentan más sobre la idea principal.

Lee el cuento. Escribe una oración que diga la idea principal.

Un gusano vive en el lago. Al gusano le gusta subir y

bajar. El gusano quiere una guitarra. Él va de paseo. Él

ve una guitarra rota.

Escribe una oración que diga la idea principal.

_____

- -

_____

Haz un dibujo que muestre al gusano en el lago.

Para el hogar Pida a su niño o niña que le hable sobre su cuento
favorito. Pregúntele sobre la idea principal y un detalle que respalde la
idea principal.

Nombre _____

Algunos **sustantivos masculinos** no terminan con *o*.

hombre	perro	mesero	pato
árbol	mapa	globo	águila

Lee los sustantivos masculinos del recuadro.
Escribe los que terminan con *o* bajo la
columna "Con *o*".
Escribe los que no terminan con *o* a la derecha.

Con *o*	Sin *o*

Para el hogar Pida a su niño o niña que use uno de los
sustantivos masculinos en una oración.

Nombre _____

Presta atención a las preguntas del cuento mientras lees.

	El gusano vive en el lodo.
6	—No puedo vivir fuera del lodo —le dijo
14	a su amigo Belino.
18	—¿Te gusta este terreno,
22	con mucho lodo? —le preguntó Belino.
28	—Sí, me gusta mucho, Belino —dijo el
35	gusano.
36	—A mí me gusta mucho también —dijo
43	Belino. 44

Comprobar la comprensión

1. ¿Quién vive en el lodo?

2. ¿Cómo se llama el amigo?

	Palabras leídas	–	Cantidad de errores	=	Puntaje de palabras
Primera lectura		–		=	
Segunda lectura		–		=	

Para el hogar Pida a su niño o niña que lea el pasaje y que preste atención al objetivo en la parte superior de la página.

Nombre _____

Un **diccionario** tiene el significado de las palabras.

Diccionario:

muchos   gran cantidad de algo

goma   una rueda

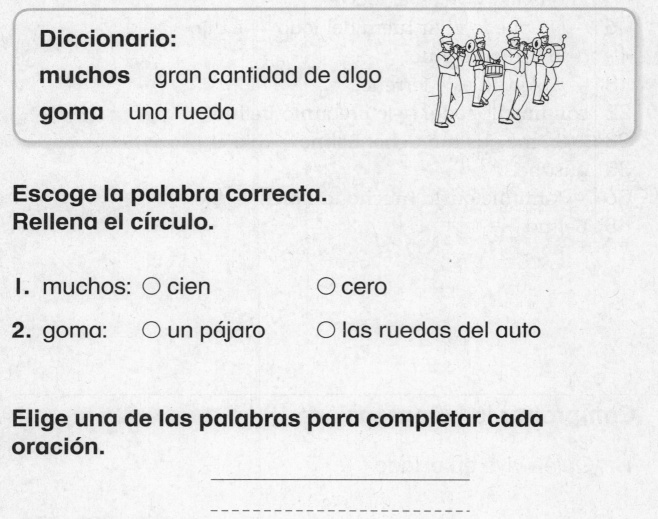

Escoge la palabra correcta.
Rellena el círculo.

l. muchos: ○ cien   ○ cero

2. goma: ○ un pájaro   ○ las ruedas del auto

Elige una de las palabras para completar cada oración.

_____

- - - - - - - - - - - - - - - - - - -

l. Mi bici tiene dos _____.

_____

- - - - - - - - - - - - - - - - - - -

2. Veo _____ perritos en el parque.

© Macmillan/McGraw-Hill

Para el hogar Pida a su niño o niña que piense en otro
significado para goma.

Nombre _____

Encierra en un círculo la palabra que describa cada dibujo. Escribe las letras que faltan.

1.

gira   gema

_____

- - - - - - -

_____ ira

2.

jota   aguja

_____

- - - - - - -

_____ ota

3.

rojo   abeja

_____

- - - - - - - -

abe _____ a

Lee las sílabas. Luego, combínalas para formar una palabra. Escribe la palabra en el espacio en blanco.

1. Jo-sé _____

3. te-ja-do _____

 Para el hogar Pida a su niño o niña que use una de las palabras en una oración.

Beti y la banda • Grado I/Unidad 2   **97**

Nombre_____

jade	jinete	gemelo	gime	dibujo	jugo

Lee las palabras del recuadro. Escribe las sílabas que faltan para completar las palabras. Lee las sílabas que escribiste y combínalas para leer las palabras completas.

1. _____ _____ me

2. _____ _____ melo

3. _____ _____ de

4. _____ _____ nete

5. _____ _____ go

6. dibu _____ _____

Para el hogar Pida a su niño o niña que piense en otras palabras con
ja, je, ji, jo, ju y *ge, gi* y que las escriba en una hoja aparte.

Nombre_____

Escribe una palabra del recuadro para completar las oraciones.

quieren	hacer	hacen	espectáculo
invitan	juntos	canta	contentos

1. Ellos _____ jugar afuera.

2. ¿Me _____ a salir?

3. José y Gema van _____ .

4. ¡Vamos al _____ !

5. El pájaro _____ en la mañana.

6. Los perros _____ un desorden.

7. Mi mamá va a _____ una sopa.

8. Los niños están muy _____ .

© Macmillan/McGraw-Hill

Para el hogar Pida a su niño o niña que escriba una oración usando
una de las palabras de arriba.

Nombre _____

Los **sustantivos** se clasifican en propios y comunes.
Un **sustantivo común** es el que nombra una persona, animal, lugar o cosa. Se escribe con minúscula.
Ejemplos: niño, gato, parque, casa.
Un **sustantivo propio** es el nombre único de personas, animales, lugares o cosas. Se escribe con mayúscula.
Ejemplos: Tito, Dani, Miami.

Encierra en un círculo el sustantivo propio de cada grupo. Subraya el sustantivo común. Escribe cada sustantivo propio. _____

1. Vero   joya   jugar   _____

2. sapo   Miami   saltar   _____

3. vivir   papa   Tita   _____

4. comer   Lalo   chuleta   _____

5. China   pato   mira   _____

© Macmillan/McGraw-Hill

 Para el hogar Pida a su niño o niña que escriba una oración usando un sustantivo propio.

Nombre_____

Cuando la *g* va acompañada de las vocales *e* e *i* su sonido es igual al de la *j*.

| jade | jinete | gemelo | gime | jugo | dibujo |

Lee las palabras del recuadro. Completa las oraciones con las palabras de ortografía.

_____

1. El _____ es un tipo de gema.

2. Es un _____ fabuloso.

3. Soy _____.

4. Vito _____ mucho.

5. Tomo un _____.

6. Me gusta tu _____.

Para el hogar Pida a su niño o niña que busque en una revista algunos ejemplos de palabras con *j* y *ge* o *gi*.

Beti y la banda • Grado I/Unidad 2   101

© Macmillan/McGraw-Hill

| jade | jinete | gemelo | gime | jugo | dibujo |

Completa las siguientes oraciones con las palabras que faltan. Haz un dibujito al lado de cada palabra.

_____
- - - - - - - - - - - - - -

1. El _____ sube al poni.

_____
- - - - - - - - - - - - - -

2. Mi _____ tiene ocho años.

_____
- - - - - - - - - - - - - -

3. El _____ es muy bonito.

_____
- - - - - - - - - - - - - -

4. El oso _____ afuera.

_____
- - - - - - - - - - - - - -

5. Voy a hacer un _____ .

_____
- - - - - - - - - - - - - -

6. Tomo el _____ de uva.

Para el hogar Pida a su niño o niña que busque en una revista ejemplos de palabras con *j, ge, gi*.

© Macmillan/McGraw-Hill

Mientras lees <u>Beti y la banda</u>, completa la tabla del argumento.

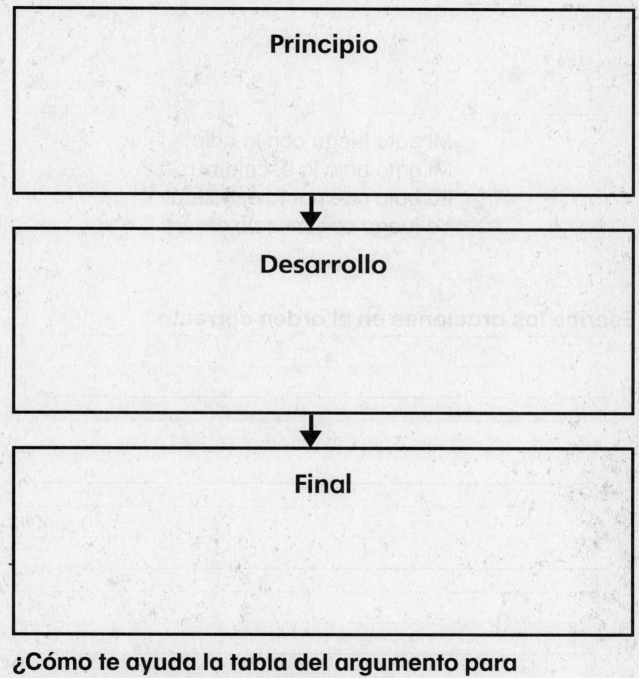

Principio

Desarrollo

Final

¿Cómo te ayuda la tabla del argumento para volver a contar <u>Beti y la banda</u>?

Para el hogar Pida a su niño o niña que use la tabla
para volver a contar el cuento.

Beti y la banda • **Grado 1/Unidad 2** **103**

Nombre_____

Mira los dibujos del cuento. Lee las oraciones del cuento.

1. 2. 3. 4.

Mi gato juega con la bola.
Mi gato baja la escalera.
La bola cae por la escalera.
Yo juego con mi gato afuera.

Escribe las oraciones en el orden correcto.

1. _____

2. _____

3. _____

4. _____

Para el hogar Pida a su niño o niña que le cuente otro cuento en el orden correcto acerca del niño y su gato.

Nombre _____

Todos los **sustantivos propios** se escriben con **mayúscula**.

Encierra en un círculo todas las letras que deben estar en mayúsculas.

1. pepe y pipo están sentados.

2. ¿Va a jugar rita?

3. me gusta vivir en miami.

4. ¿canta tita con la banda?

5. La banda los gatos hace un espectáculo.

6. mi perro tato sale ahora.

Para el hogar Pida a su niño o niña que vuelva a escribir las palabras encerradas en un círculo y que las escriba con letras mayúsculas.

Nombre _____

Presta atención al diálogo mientras lees.

Dani y sus amigos van a un espectáculo.

8 | —¿Me invitan? —dijo Gema.

12 | —¡Sí, vamos todos juntos! —dijo Dani.

18 | —¿Quién canta? —dijo Gema.

22 | —Regina —dijo Dani.

25 | —Muy bien. Me gusta como canta —dijo Gema. 33

Comprobar la comprensión

1. ¿Quién va al espectáculo?

2. ¿Quién canta?

	Palabras leídas	–	Cantidad de errores	=	Puntaje de palabras
Primera lectura		–		=	
Segunda lectura		–		=	

© Macmillan/McGraw-Hill

 Para el hogar Pida a su niño o niña que lea el pasaje y que preste atención al objetivo en la parte superior de la página.

Nombre _____

> Las **instrucciones** son los pasos que sigues para hacer algo.

Cómo hacer un cartón divertido

1. Consigue un cartón de huevos.

2. Recorta la parte de arriba.

3. Dale una apariencia divertida.

4. Agrégale cosas divertidas.

1. ¿Qué vas a hacer? _____

_____

2. ¿Qué vas a usar?

_____

3. ¿Qué vas a hacer con la parte de arriba?

_____

4. ¿Qué vas a hacer al final?

_____

_____

© Macmillan/McGraw-Hill

Para el hogar Pida a su niño o niña que cree un cartón divertido
siguiendo las instrucciones de la página.

Beti y la banda • Grado 1/Unidad 2   **107**

| wafle | xilófono | lluvia | México | llama |

Usa las palabras del recuadro para escribir las letras que faltan.

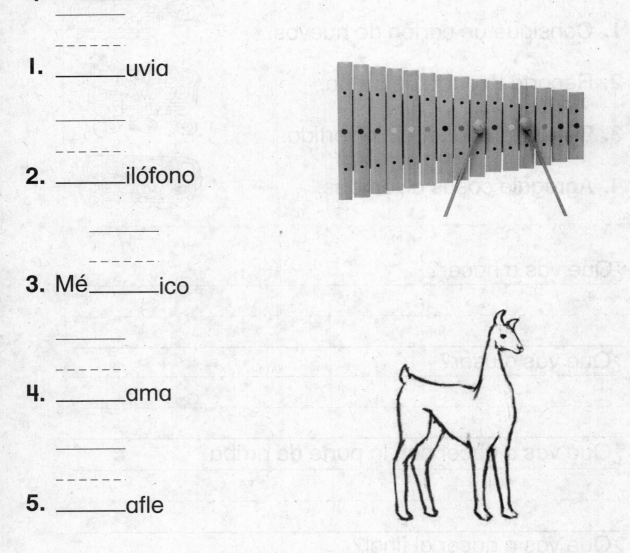

1. _____uvia

2. _____ilófono

3. Mé_____ico

4. _____ama

5. _____afle

Para el hogar Pida a su niño o niña que escriba una frase usando una o dos de las palabras que incluyan las letras *x, ll* o *w*.

Nombre_____

gallina   llave   billete   sello   xilófono   Ximena

Lee las palabras del recuadro. Escribe la sílaba que falta en las líneas.

1. _____mena

2. _____ve

3. _____lófono

4. ga_____na

5. bi_____te

6. se_____

Para el hogar Pida a su niño o niña que escriba una oración
usando una de las palabras de arriba.

Arriba y abajo por los callejones
Grado I/Unidad 2   109

Nombre_____

| otros | veinte | usted |

Lee cada oración. Escribe una palabra del recuadro para completar la oración.

1. Van a jugar _____ dos minutos.

2. ¿De dónde es _____ ?

3. Tenía _____ palitos de madera.

4. ¿Me da _____ tres mapas, por favor?

5. Tengo _____ años.

6. ¿Quién es _____ ?

 Para el hogar Pida a su niño o niña que escriba una oración usando dos palabras de la página.

Nombre_____

Los **artículos** se clasifican en determinados (el, la, los, las) e indeterminados (un, una, unos, unas). Siempre van delante del nombre.

Completa las oraciones con el artículo que corresponda.

1. _____ gato se llama Rafa.

2. _____ niñas de la escuela van a la playa.

3. _____ mamá de Sandra va de paseo.

4. _____ sapo salta.

5. Manolo tiene _____ ficha.

6. Veo _____ piñas grandes.

Para el hogar Pida a su niño o niña que busque unas cosas dentro de su casa y diga el artículo de cada cosa.

Práctica

Ortografía:
Sílabas abiertas con **x**
y sonido /ks/

Nombre _____

La letra **x** tiene tres diferentes sonidos: /s/ como en **xilófono**, /j/ como en **Ximena** y /ks/ como en **taxi**.

taxi	examen	saxofón	Maximina

Lee las palabras del recuadro.
Completa las palabras con la sílaba que falta.

1. ta _____

2. e _____ men

3. sa _____ fón

4. Ma _____ mina

Escribe una oración con una de las palabras.

_____

_____

_____

_____

Para el hogar Pida a su niño o niña que use una de las palabras para formar una oración.

© Macmillan/McGraw-Hill

Nombre_____

Elige unas letras del recuadro para formar una palabra de ortografía. Escribe la palabra.

xi	lla	lli

1. _____ lófono   _____

2. ga _____ na   _____

3. _____ ve   _____

4. _____ mena   _____

Encierra en un círculo las palabras que sean correctas. Escribe la palabra.

1. _____   2. _____

© Macmillan/McGraw-Hill

Para el hogar Pida a su niño o niña que escriba una palabra con *w*.

Arriba y abajo por los callejones
Grado I/Unidad 2   113

Nombre_____

Mientras lees <u>Arriba y abajo por los callejones</u>, completa el diagrama de volver a contar.

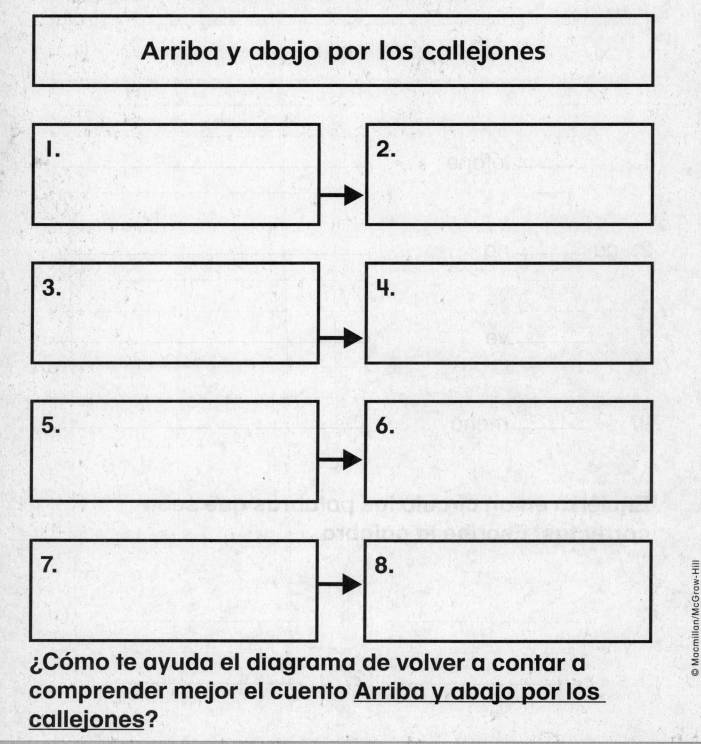

Arriba y abajo por los callejones	
1.	2.
3.	4.
5.	6.
7.	8.

¿Cómo te ayuda el diagrama de volver a contar a comprender mejor el cuento <u>Arriba y abajo por los callejones</u>?

© Macmillan/McGraw-Hill

 Para el hogar Pida a su niño o niña que use el diagrama para volver a contar el cuento.

Los buenos lectores piensan en el cuento a medida que lo leen. Si no entienden una parte, retroceden y vuelven a leerla. Esta estrategia se llama **volver a leer**.

Lee el cuento. Luego contesta las preguntas.

Me gustan mucho los animales. Me gustan las llamas, las lechuzas y los gatos. Tengo un gato, llamado Bigote. Tengo muchos amigos que tienen gatos. A veces viajo en autobús para visitarlos. Juntos vamos a salir de paseo por Washington.

1. ¿Qué animal crees que le gusta más al autor? Vuelve a leer el cuento para buscar claves.

2. ¿Crees que el autor vive en una ciudad o en un pueblo? Vuelve a leer el cuento para buscar claves.

© Macmillan/McGraw-Hill

Para el hogar Pida a su niño o niña que escoja un cuento folclórico o de hadas y que lo vuelva a contar. Recuérdele a su niño o niña que debe incluir las partes más importantes.

Práctica

Gramática:
Concordancia entre el
artículo y el sustantivo

Nombre _____

Los **artículos** siempre van delante del sustantivo. El artículo debe concordar con el sustantivo en número y en género.

Encierra en círculos los artículos de las siguientes oraciones. Dibuja una flecha hasta el lugar donde debe estar el artículo.

1. El gato está encima de tapete un.

2. Rosa es niña una muy lista.

3. Me gusta salir con amigos los.

4. dama La va de paseo.

5. ¿Quieren las jugar niñas?

6. Vi patos unos en el lago.

Para el hogar Pida a su niño o niña que busque en una revista tantos artículos como pueda.

© Macmillan/McGraw-Hill

Presta atención a la puntuación de las oraciones mientras lees.

	¿Cómo se llama usted?
4	Me llamo Maximina.
7	¡Usted se llama como yo!
12	¿Cuántos años tiene usted, Maximina?
17	Yo tengo veinte años. 21

Comprobar la comprensión

1. ¿Cómo se llama la persona?

2. ¿Comó se llama la otra persona?

	Palabras leídas	–	Cantidad de errores	=	Puntaje de palabras
Primera lectura		–		=	
Segunda lectura		–		=	

© Macmillan/McGraw-Hill

 Para el hogar Pida a su niño o niña que lea el pasaje y que preste atención al objetivo en la parte superior de la página.

Arriba y abajo por los callejones
Grado 1/Unidad 2 117

Nombre_____

Las **fotografías** muestran personas, animales y cosas de la vida real.

Mira la fotografía. Lee la oración que habla sobre la fotografía.

¡Mira! Es Lina con su gato.

Escribe algo sobre la fotografía.

_____

- -

_____

- -

_____

Para el hogar Pida a su niño o niña que busque en algunas revistas unas fotografías interesantes. Pida a su niño o niña que le cuente una historia acerca de una de las fotografías.

Nombre _____

Las letras *pl* representan el primer sonido de
la palabra **pluma**. Las letras *pr* representan el
primer sonido de la palabra **prima**.

**Lee las palabras. Encierra en un círculo la palabra
que nombre el dibujo. Escribe la palabra en la línea.**

1.

presa   prisa

_____

- - - - - - - - - - -

_____

2.

pluma   posada

_____

- - - - - - - - - - -

_____

3.

playa   puma

_____

- - - - - - - - - - -

_____

4.

pronto   plato

_____

- - - - - - - - - - -

_____

5.

prima   plaza

_____

- - - - - - - - - - -

_____

6.

prosa   plátano

_____

- - - - - - - - - - -

_____

© Macmillan/McGraw-Hill

 Para el hogar Escriba las palabras *prisa* y *prosa* y pida a su niño o
niña que las lea.

La vaquita de Martín   **119**
Grado I/Unidad 3

Nombre _____

Lee cada fila de palabras. Tacha con una X las palabras que no tengan *pl* o *pr*.

1. pluma   puma   pradera

2. posada   pato   primo

3. placa   plato   pomo

4. piña   plomero   repleto

5. pasa   primo   plátano

6. papa   pleno   prisa

Tacha las palabras que no están escritas correctamente. Usa la palabra correcta en una oración.

7. placsa   plasa   plaza

_____

- -

_____

© Macmillan/McGraw-Hill

Para el hogar Pida a su niño o niña que escriba algunas oraciones usando las palabras de ortografía.

Nombre _____

Escribe las palabras del recuadro para completar las oraciones.

día	bajando	cuida

I. Un _____ Rafi irá a la pradera.

2. Rafi _____ muy bien a Pepe.

3. Rafi está _____ rápido.

Para el hogar Pida a su niño o niña que escriba una o dos oraciones usando las palabras del recuadro.

La vaquita de Martín
Grado I/Unidad 3

121

© Macmillan/McGraw-Hill

Nombre _____

El **verbo** es una palabra que expresa una acción.

Encuentra el verbo de cada grupo.
Rellena el círculo.

I. ○ playa
   ○ bajar
   ○ plato

2. ○ lavar
   ○ prima
   ○ Ximena

3. ○ mamá
   ○ beber
   ○ bebé

4. ○ plátano
   ○ papa
   ○ salir

5. ○ niña
   ○ correr
   ○ día

6. ○ saltar
   ○ goma
   ○ peces

7. ○ ir
   ○ China
   ○ llave

8. ○ ahora
   ○ poner
   ○ otros

Para el hogar Pida a su niño o niña que escriba algunas oraciones usando los verbos de esta página.

Nombre_____

Lee las siguientes palabras.
Encierra en un círculo las consonantes.
Subraya las vocales. Escribe la palabra.

1.   p l a t o   _____

2.   p r i m a   _____

3.   p l o m e r o   _____

4.   p r o c u r a   _____

5.   p l a t a   _____

© Macmillan/McGraw-Hill

Para el hogar Pida a su niño o niña que lea las vocales que subrayó
en cada palabra.

La vaquita de Martín   **123**
Grado 1/Unidad 3

Nombre _____

Encierra en un círculo la palabra de cada fila que está bien escrita.

1. prrima   prima   plima
2. plato   palto   prato
3. pladera   pardera   pradera
4. pluma   pruma   purma
5. polmero   plomero   promero
6. repelto   repreto   repleto

Escribe las letras que faltan para formar tres palabras diferentes de ortografía.

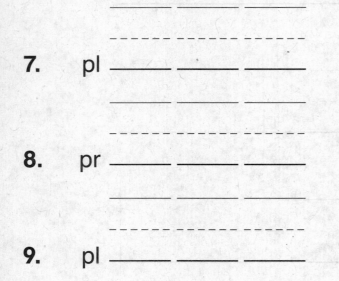

7. pl _____ _____ _____

8. pr _____ _____ _____

9. pl _____ _____

Para el hogar Pida a su niño o niña que escriba tres oraciones con algunas de las palabras de arriba.

Nombre _____

Mientras lees <u>La vaquita de Martín</u>, completa el diagrama de volver a contar.

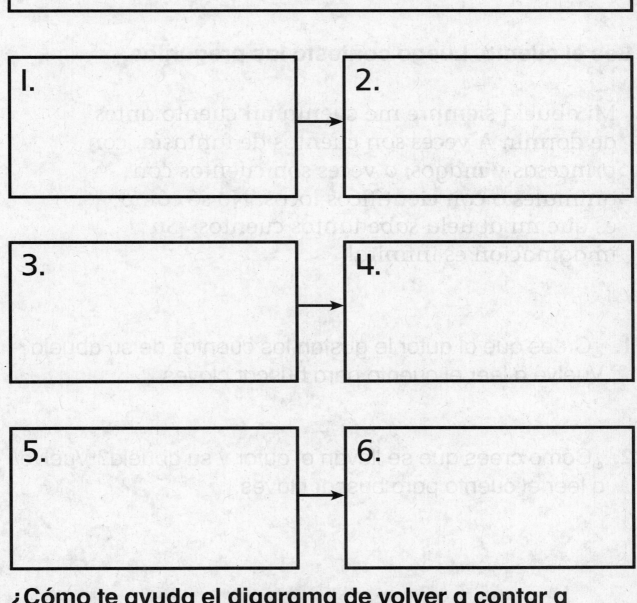

La vaquita de Martín

1.

2.

3.

4.

5.

6.

¿Cómo te ayuda el diagrama de volver a contar a recordar <u>La vaquita de Martín</u>?

Para el hogar Pida a su niño o niña que use el diagrama para volver a contar el cuento.

Nombre _____

Los buenos lectores piensan en el cuento a medida que lo leen. Si no entienden una parte, retroceden y vuelven a leerla. Esta estrategia se llama **volver a leer**.

Lee el cuento. Luego contesta las preguntas.

Mi abuela siempre me cuenta un cuento antes de dormir. A veces son cuentos de fantasía, con princesas y magos; a veces son cuentos con animales o con científicos locos. No sé cómo es que mi abuela sabe tantos cuentos. ¡Su imaginación es infinita!

1. ¿Crees que al autor le gustan los cuentos de su abuela? Vuelve a leer el cuento para buscar claves.

2. ¿Cómo crees que se llevan el autor y su abuela? Vuelve a leer el cuento para buscar claves.

© Macmillan/McGraw-Hill

Para el hogar Pida a su niño o niña que le cuente su cuento preferido. Recuérdele que debe incluir las partes más importantes.

Nombre _____

Los **verbos** se usan para mostrar una acción.

Lee los verbos del recuadro. En el siguiente párrafo tacha las palabras que no están correctas. Escribe el párrafo correctamente.

saltar	correr	salir

Estimada Nina:

A mi mamá y a mí nos gusta salida de paseo. Hoy vimos una rana salto . También vimos un perro carrera muy rápido.

Tu mejor amiga,

Pamela

_____

- -

_____

- -

_____

- -

_____

- -

_____

© Macmillan/McGraw-Hill

 Para el hogar Pida a su niño o niña que escriba una breve carta a un amigo o familiar.

La vaquita de Martín **127**
Grado I/Unidad 3

Presta atención a la entonación de las oraciones mientras lees.

	—¿Te gusta salir a jugar, Remi?
6	—¡Sí, me gusta jugar!
10	—¿Te gusta correr y saltar?
15	—¡Sí, y a mi prima también!
21	—¿Te gusta salir a jugar con tu prima?
29	—Me gusta salir con mi prima y un amigo.
38	—¿Cómo se llama tu prima?
43	—Mi prima se llama Pralina. 48

Comprobar la comprensión

1. ¿A quién le gusta salir?

2. ¿Con quién sale?

	Palabras leídas	–	Cantidad de errores	=	Puntaje de palabras
Primera lectura		–		=	
Segunda lectura		–		=	

© Macmillan/McGraw-Hill

Para el hogar Pida a su niño o niña que lea el pasaje y que preste atención al objetivo en la parte superior de la página.

Nombre _____

Un **cartel** usa palabras o dibujos para decir qué se puede y qué no se puede hacer.

Encierra en un círculo la palabra que completa cada oración.

1. Si veo esto [ALTO], _____.   paro   sigo

2. Si veo esto , _____.   paro   sigo

3. Si veo esto , puedo _____.   lavar   jugar

4. Si veo esto , puedo _____.   correr   comer

**Colorea el semáforo con rojo, amarillo y verde.
Pon un ✔ al lado del color que te indique seguir.**

Pon una X al lado del color que te indique que tienes que parar.

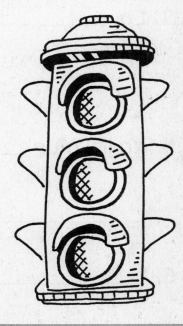

 Para el hogar Hablen de carteles comunes que vean usted y su niño o niña en su vecindad. Pida a su niño o niña que dibuje un cartel y que le diga qué significa.

La vaquita de Martín
Grado 1/Unidad 3   **129**

Nombre_____

| yate | yema | voy | yeso | yoyo |

Usa las palabras del recuadro para completar cada oración.

_____
- - - - - - - - - - - - -

1. Van de paseo en un _____.

_____
- - - - - - - - - - - - -

2. ¿Quieres jugar con el _____?

_____
- - - - - - - - - - - - -

3. La _____ es amarilla.

_____
- - - - - - - - - - - - -

4. Yo llevo un _____.

_____
- - - - - - - - - - - - -

5. _____ a jugar al parque.

© Macmillan/McGraw-Hill

Para el hogar Ayude a su niño o niña a inventar una oración para cada palabra del recuadro.

Nombre_____

Lee las palabras de cada grupo. Marca con una X las palabras que estén bien escritas.

1. yatte _____

   llate _____

   yate _____

2. yema _____

   yemma _____

   llema _____

3. rallos _____

   rayos _____

   srrayo _____

4. yamo _____

   moya _____

   mayo _____

5. rey _____

   yer _____

   rei _____

6. yel _____

   lei _____

   ley _____

Para el hogar Pida a su niño o niña que escriba las palabras de ortografía.

© Macmillan/McGraw-Hill

Nombre_____

cuando	mar	sonrisa	aire

Usa las palabras del recuadro para completar las oraciones.

_____
- - - - - - - - - - - - - -

I. Estoy en el _____.

_____
- - - - - - - - - - - - - -

2. Me gusta salir al _____.

_____
- - - - - - - - - - - - - -

3. Me sale una _____ cuando veo el mar.

_____
- - - - - - - - - - - - - -

4. Pipo salta _____ ve a Mimo.

Para el hogar Pida a su niño o niña que escriba dos oraciones usando las palabras del recuadro.

132 Rosa Robot • **Grado I/Unidad 3**

Nombre_____

Cuando el verbo está en **presente** la acción pasa ahora.

Ejemplos: Dino **sube**. Dina **salta**.

Encierra en un círculo los verbos en presente. Escríbelos en las líneas de abajo.

1. Mi amiga salta muy bien.

2. El gato bajó de la silla.

3. Lola me invita a jugar.

4. Yo estaba con mi papá en la sala.

5. Una niñera cuida al bebé.

_____ _____ _____

_____ _____ _____

_____ _____ _____

Para el hogar Pida a su niño o niña que use las palabras que encerró en círculos para escribir una oración nueva para cada verbo en presente.

Rosa Robot • Grado I/Unidad 3   133

© Macmillan/McGraw-Hill

Práctica

Ortografía:
**Plural de palabras
terminadas en y**

Nombre_____

La **y** tiene sonido de vocal en palabras que terminan con dicha letra. Por ejemplo: virrey. Cambia su sonido a consonante cuando esas palabras van en plural. Por ejemplo: virreyes.

Forma el plural de cada palabra. Pronuncia cada palabra.

1. ley _____

2. rey _____

3. virrey _____

4. caney _____

5. batey _____

Para el hogar Pida a su niño o niña que lea en voz alta las palabras terminadas en y con las que trabajó. Luego, pregúntele cuál es el plural de cada una.

Nombre_____

Busca las palabras de ortografía dentro de la sopa de letras. Encierra en un círculo cada palabra que encuentres.

u	b	o	h	s	l	e	y	e	ley
y	i	f	b	h	m	a	l	o	mayo
m	a	y	ú	s	c	u	l	a	rayos
y	a	t	e	e	s	a	t	m	rey
u	b	z	q	r	a	y	o	s	yate
f	s	a	d	g	y	e	m	a	yema
y	e	m	a	y	o	r	b	l	
m	a	l	e	t	a	s	v	u	
i	x	j	m	r	e	y	p	y	
y	o	y	o	t	w	e	d	z	

Escribe las palabras de ortografía de la sopa de letras.

1. _____   2. _____

3. _____   4. _____

5. _____   6. _____

Para el hogar Pida a su niño o niña que escriba una oración usando una de las palabras de arriba.

Nombre_____

Mientras lees <u>Rosa Robot</u>, completa la tabla de comparar y contrastar.

Cómo es Rosa Robot	Cómo es Yeyo
1	1
2	2
3	3

¿Cómo te ayuda la tabla de comparar y contrastar a comprender mejor lo que pasa en <u>Rosa Robot</u>?

© Macmillan/McGraw-Hill

 Para el hogar Pida a su niño o niña que use el diagrama para volver a contar el cuento.

Nombre _____

Lee el cuento. Usa la información para comparar y contrastar.

Toni y Tito son amigos. Toni nada todas las mañanas. Tito va de paseo con su perro Yoyi. A Toni le gusta jugar a la pelota pero a Tito le gusta ayudar a su mamá. Toni corre a la loma pero Tito está sentado afuera. Toni y Tito van juntos a la escuela.

Rellena el círculo que tiene la respuesta correcta.

1. ○ Tito nada todas las mañanas.
   ○ Toni nada todas las mañanas.

2. ○ Toni ayuda a su mamá.
   ○ Tito ayuda a su mamá.

3. ○ Tito va a la escuela.
   ○ Toni va a la escuela.

Para el hogar Pida a su niño o niña que escriba una oración sobre el cuento.

© Macmillan/McGraw-Hill

Práctica

Gramática:
Verbos en presente y
uso de la coma

Nombre_____

La **coma** es una herramienta que se usa, por ejemplo, para enumerar acciones en una oración.

Ejemplo: Lina salta, corre, brinca y baila.

Escribe la letra <u>C</u> si la oración es correcta. Si una oración no es correcta, encierra el verbo en un círculo y escribe la palabra correcta a la derecha. Agrega las comas que hagan falta.

1. Reni mira el libro,
   la mochila y la goma.

2. La mamá recoger los platos
   la comida y los tapetes.

3. Mi amiga correr brinca y
   sale ahora.

4. El niño cuidar a la vaca
   las gallinas y los perros.

5. Me gustar la playa la
   arena y el mar.

© Macmillan/McGraw-Hill

Para el hogar Pida a su niño o niña que piense en un verbo en presente para una actividad favorita. Pídale que use el verbo en una oración.

Presta atención a la entonación de las oraciones mientras lees.

	A Tita le gusta mucho el mar.
7	¡Le sale una sonrisa cuando
12	Beto y Beti la invitan a la playa!
20	Le gusta el aire de la playa
27	también. El mar es su lugar favorito.
34	¡Qué grande y bello es el mar! 41

Comprobar la comprensión

1. ¿Quién invita a Tita al mar?

2. ¿Por qué le sale una sonrisa?

	Palabras leídas	–	Cantidad de errores	=	Puntaje de palabras
Primera lectura		–		=	
Segunda lectura		–		=	

Para el hogar Pida a su niño o niña que lea el pasaje y que preste atención al objetivo en la parte superior de la página.

Práctica

Elemento del texto:
Elección de las
palabras

Nombre _____

Los escritores usan palabras
interesantes y coloridas.

Las nubes **grandes** y **ligeras**
flotan en el aire.

**Encierra en un círculo dos palabras que un
escritor podría usar para describir cada dibujo.**

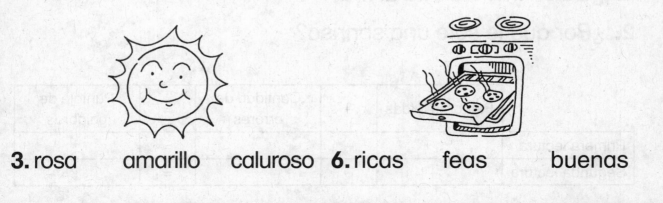

1. rápido   ligero   rojo

4. dos   grande   frío

2. grande   pequeña   mojada

5. chicas   muchas   grandes

3. rosa   amarillo   caluroso

6. ricas   feas   buenas

Para el hogar Lean un poema juntos. Estén atentos a todas
las palabras coloridas e interesantes que use el escritor.

Nombre _____

La **r** suave se encuentra dentro de las palabras. Siempre va entre dos vocales. La **h** siempre es muda.

Encierra en un círculo la palabra que comienza con *h* o contiene *r* suave. Escribe la palabra en la línea. Di la palabra.

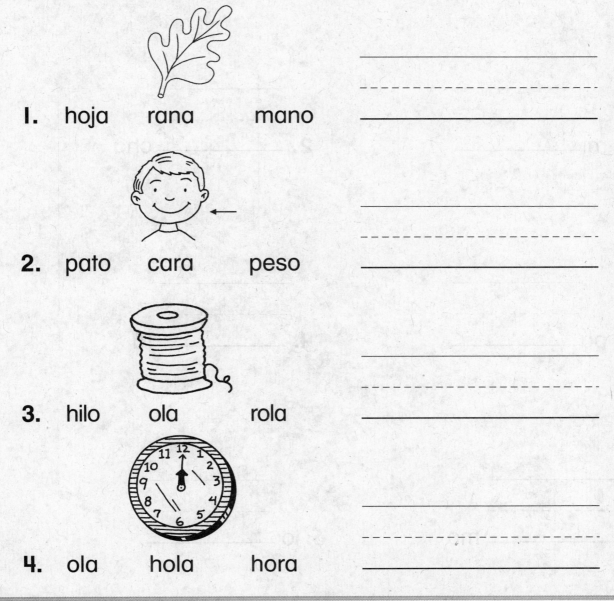

1. hoja   rana   mano   _____

2. pato   cara   peso   _____

3. hilo   ola   rola   _____

4. ola   hola   hora   _____

Para el hogar Ayude a su niño o niña a usar una de las palabras encerradas en un círculo para escribir una oración.

¡Máscaras! • Grado I/Unidad 3   **141**

Nombre _____

| hora | hacha | mira | paro | humo | loro |

Lee las palabras de ortografía del recuadro. Luego escribe las letras que faltan para completar las palabras.

1. mi_____ _____

2. _____ cha

3. pa_____ _____

4. _____ ra

5. _____ mo

6. lo _____

Para el hogar Pida a su niño o niña que camine por la casa y que busque y nombre las palabras que incluyan las letras *r* y *h*.

© Macmillan/McGraw-Hill

Nombre _____

gente   pedazo   cara   forma   pronto   a través   atrás

Escribe las palabras para completar las oraciones.

_____

1. ¿Me regalas un _____ de pan?

_____

2. ¿Quién está sentado en la silla de _____ ?

_____

3. Está en buena _____ .

_____

4. Cambia mucho _____ de los años.

_____

5. Me gusta vivir con mucha _____ .

_____

6. Mi mamá me lava la _____ .

_____

7. Vamos a jugar muy _____ .

© Macmillan/McGraw-Hill

Para el hogar Pida a su niño o niña que use una de las palabras en
una oración.

Nombre _____

El **verbo en pasado** expresa que la acción ya
pasó. Los verbos en pasado se acentúan, por
lo general, en la última sílaba cuando están en
singular.
Ejemplos: caminó, saltó, jugué

**Haz una marca de verificación o palomita al lado
de las oraciones que hablen sobre el pasado.
Encierra en un círculo los verbos en pasado.**

1. Sami formó una figura con sus manos.

Sami forma una figura con sus manos.

2. Lo mira Pepe.

Lo miró Pepe.

3. Sami le muestra a Pepe la forma de un aro.

Sami le mostró a Pepe la forma de un aro.

4. A Pepe le gustó más.

A Pepe le gusta más.

 Para el hogar Pida a su niño o niña que invente unas oraciones sobre
cosas que pasaron ayer y que represente algunas de estas oraciones.

Nombre _____

Cuando la letra **r** va dentro de las palabras y entre vocales es un sonido suave.
La **h** es muda pero es importante incluirla para no cambiar el significado de ciertas palabras:
hola/ola, hala/ala.

Encierra en un círculo las letras *r* y *h* en las palabras de abajo. Escríbelas de nuevo en las líneas. Dilas en voz alta.

1. hora _____

2. oscuro _____

3. hacha _____

4. hormiga _____

5. humo _____

6. loro _____

7. paro _____

8. mira _____

© Macmillan/McGraw-Hill

 Para el hogar Pida a su niño o niña que escriba una oración usando dos de las palabras de esta página.

¡Máscaras! • **Grado I/Unidad 3**   **145**

Nombre _____

Mira cada juego de palabras. Una palabra en cada juego está escrita correctamente. Usa un lápiz para rellenar el círculo enfrente de esa palabra.

I. ○ A. hara

○ B. horra

○ C. hora

2. ○ A. mirrada

○ B. mirahda

○ C. mirada

3. ○ A. haca

○ B. hacha

○ C. acha

4. ○ A. parada

○ B. parrada

○ C. paarada

5. ○ A. umo

○ B. humo

○ C. hummo

6. ○ A. loro

○ B. lorro

○ C. looro

© Macmillan/McGraw-Hill

Para el hogar Pida a su niño o niña que deletree cada palabra en voz alta.

Nombre _____

Mientras lees ¡Máscaras!, completa el diagrama de idea principal y detalles.

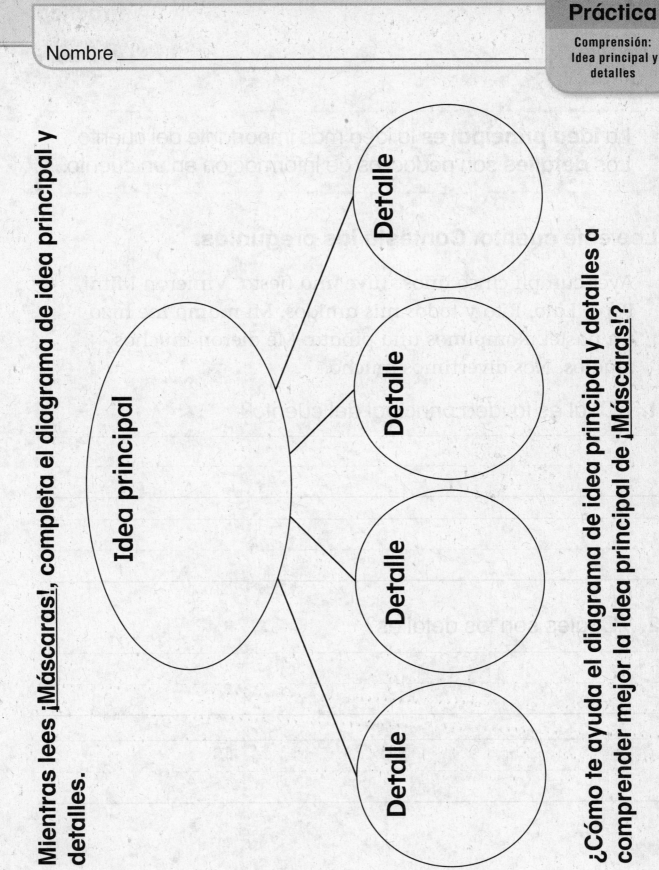

Idea principal

Detalle

Detalle

Detalle

Detalle

¿Cómo te ayuda el diagrama de idea principal y detalles a comprender mejor la idea principal de ¡Máscaras!?

Para el hogar Pida a su niño o niña que use el diagrama para volver a contar el cuento.

Nombre _____

La **idea principal** es la idea más importante del cuento.
Los **detalles** son pedacitos de información en un cuento.

Lee este cuento. Contesta las preguntas.

Ayer cumplí cinco años. Tuve una fiesta. Vinieron Mimí,
Pepe, Lalo, Rita y todos mis amigos. Mi mamá me hizo
un pastel. Rompimos una piñata. Me dieron muchos
regalos. Nos divertimos mucho.

I. ¿Cuál es la idea principal del cuento?

_____

_____

_____

2. ¿Cuáles son los detalles?

_____

_____

_____

© Macmillan/McGraw-Hill

Para el hogar Ayude a su niño o niña a pensar en algunas cosas que
agregar al cuento.

Nombre _____

Lee el cuento. Encierra en un círculo las letras que deban ir en mayúsculas. Subraya los seis verbos que están en presente. Escribe los seis verbos en pasado en las líneas de abajo.

Papá sale a caminar con vito. camina con Vito a la calle marbella. los saluda la señora fátima. La saluda Papá con la mano. Vito mira atrás.

—¡Vi mi sombra! —dice.

I. _____

2. _____

3. _____

4. _____

5 _____

6. _____

Para el hogar Pida a su niño o niña que continúe el cuento para contar qué pasó. Pídale que use verbos en el pasado en las oraciones.

Nombre _____

Presta atención a la entonación de las preguntas mientras lees.

	¿Qué produce una sombra?
4	En pleno día se hace la sombra.
11	La sombra es una forma oscura.
17	Toda la gente tiene una sombra.
23	La sombra no se ve si no es
31	de día.
33	Un topo sale de su guarida
38	por el día. El topo ve su
45	sombra si es de día. 50

Comprobar la comprensión

I. ¿Quién tiene una sombra?

2. ¿Quién sale en el día y ve su sombra?

	Palabras leídas	–	Cantidad de errores	=	Puntaje de palabras
Primera lectura		–		=	
Segunda lectura		–		=	

 Para el hogar Pida a su niño o niña que lea el pasaje y que preste atención al objetivo en la parte superior de la página.

Práctica

Destreza de estudio:
Usar periódicos y
revistas

Nombre _____

El **título** de una revista se encuentra en la cubierta.

Los **artículos** se encuentran dentro de la revista.

Usa la cubierta de la revista y la cubierta del periódico en el recuadro para contestar las preguntas.

1. ¿Cuál es el título de la revista? _____

_____

_____

2. ¿Qué hay en la cubierta? _____

_____

_____

3. ¿Cuál es el título del artículo? _____

_____

_____

4. ¿De qué crees que trata el artículo? _____

_____

_____

Para el hogar Ayude a su niño o niña a reconocer los títulos y
artículos de una revista que lean en casa.

¡Máscaras! • Grado I/Unidad 3   151

Nombre _____

Encierra en un círculo la palabra de cada fila que tenga *c*.

I.   coro   pomo

2.   dedo   carro

3.   capota   liso

Encierra en un círculo la palabra de cada fila que tenga *k*.

4.   poco   Kiko

5.   kimono   viña

6.   karate   mamá

Encierra en un círculo la palabra de cada fila que tenga *q*.

7.   poco   quieto

8.   kimono   Quito

9.   quetzal   mamá

Escribe una oración con una de las palabras que encerraste en un círculo.

_____

- -

_____

© Macmillan/McGraw-Hill

 Para el hogar Anime a su niño o niña a leerle la oración que escribió. Pídale que señale la palabra de la oración que tenga *c, k* o *q*.

Nombre _____

quesadilla cómico Kiko calle máquina cubo	

Subraya las palabras de ortografía en cada fila. Escribe la palabra.

1. quesadilla   pomo   _____

2. dedo   máquina   _____

3. cómico   liso   _____

4. poco   Kiko   _____

5. cubo   viña   _____

6. calle   mamá   _____

© Macmillan/McGraw-Hill

 Para el hogar Copia las palabras del recuadro. Encierra en un círculo las letras *c*, *k* o *q*.

Nombre _____

Usa las palabras del recuadro para completar las oraciones.

todos	tan	color	quieres	este

_____

1. ¿_____ caminar?

_____

2. _____ vamos.

_____

3. _____ niño es mi amigo.

_____

4. Lleva una camisa de _____ amarillo.

_____

5. ¡Es _____ cariñoso como yo!

© Macmillan/McGraw-Hill

 Para el hogar Pida a su niño o niña que use algunas palabras del recuadro para contar un cuento sobre lo que los amigos hacen juntos.

Nombre _____

> El **verbo en futuro** describe una acción que no ha pasado todavía, pero que pasará.
>
> Ejemplo: caminará, saltaré

Encierra en un círculo el verbo en futuro de cada oración.

1. La niña saltará.

2. La mamá se sentará en su silla.

3. Lina recogerá el juguete.

4. El perro correrá.

5. El papá jugará con los niños.

Para el hogar Pida a su niña o niño que escriba una oración con un verbo en futuro acerca de lo que él o ella hará mañana.

¿Por qué lloras, Lucas? **155**
Grado 1/Unidad 3

© Macmillan/McGraw-Hill

La letra **q** siempre va seguida de la letra **u**.
Ejemplo: quieto

Quito   máquina   quetzal   quieto   quesadilla

Lee cada oración. Tacha la palabra con *q* que no esté escrita correctamente. Vuelve a escribirla.

1. ¿Te gusta comer quesadilla?   _____

2. El qetzal es un pájaro colorido.   _____

3. Me quedo qieto en la clase.   _____

4. Quito es una ciudad.   _____

5. La máqina es muy grande.   _____

Para el hogar Pida a su niña o niño que lea las oraciones y señale las palabras que no están escritas correctamente.

© Macmillan/McGraw-Hill

Nombre _____

| quesadilla cómico Kiko calle máquina cubo |

Encierra en un círculo la palabra de ortografía de cada fila. Escribe la palabra en la línea.

1. cinta   quesadilla   mirada   _____

2. cómico   cínico   centro   _____

3. cero   cereal   Kiko   _____

4. calle   cine   soga   _____

5. cima   máquina   kiwi   _____

6. conozco   cinco   cubo   _____

Para el hogar Anime a su niño o niña a escribir las palabras de
ortografía en tarjetas en blanco. Pídale que las ordene alfabéticamente
de acuerdo a *c*, *k* o *q*.

¿Por qué lloras, Lucas?   **157**
Grado I/Unidad 3

© Macmillan/McGraw-Hill

Nombre _____

Mientras lees ¿Por qué lloras, Lucas?, completa la tabla de hacer predicciones.

Lo que predigo	Lo que sucede

¿Cómo te ayuda la tabla de hacer predicciones a comprender lo que pasa en ¿Por qué lloras, Lucas?

 Para el hogar Pida a su niño o niña que use la tabla para volver a contar el cuento.

© Macmillan/McGraw-Hill

Nombre _____

Lee las oraciones. Encierra en un círculo las palabras que cuenten lo que pasará después.

1. Kara quiere salir. Su amiga Kika quiere salir con ella.

   Kara y Kika _____.

   se quedará en casa   saldrán

2. A Kiko le gusta jugar con su perro. A su perro le gusta

   jugar con Kiko. Kiko y su perro _____.

   jugarán   dormirán

3. Tami está llena. Ya no quiere comida. Tami _____

   comerá   no comerá

4. Susana va al cine. Susana ve una película aburrida.

   Susana _____.

   se dormirá   cantará

© Macmillan/McGraw-Hill

Para el hogar Pida a su niño o niña que le comente qué pasará
después en uno de los cuentos y por qué.

Nombre _____

> Muchos **verbos en futuro** llevan acento en la última sílaba.
> Ejemplo: caminarán, hablarán

Mira los verbos de cada fila. Tacha los verbos que no están escritos correctamente.

1. jugarán   júgaran

2. háblaran   hablarán

3. estudiaran   estudiarán

4. súbiran   subirán

5. saltarán   sáltaran

Escribe el verbo en futuro.

6. comer   _____

7. bajar   _____

© Macmillan/McGraw-Hill

 Para el hogar Pida a su niño o niña que lea los verbos en futuro y señale los acentos en éstos.

Nombre _____

Presta atención a los signos de interrogación mientras lees.

	Sara y su mamá están de paseo.
7	Sara le pregunta a su mamá:
13	—¿Dónde viven los ratoncitos?
17	—Los ratoncitos viven en el campo.
23	—¿Y qué hacen los ratoncitos en el campo?
31	—pregunta Sara.
33	—Los ratoncitos reúnen las semillas y
39	comidita de los otros animales y las esconden
47	en sus casitas.
50	—¿A los ratoncitos no les gusta comer queso?
58	—Sí —responde Mamá—, pero les gusta
64	comer otras cosas también. 68

Comprobar la comprensión

1. ¿Qué hacen Sara y su mamá?

2. ¿Qué hacen los ratoncitos?

	Palabras leídas	–	Cantidad de errores	=	Puntaje de palabras
Primera lectura		–		=	
Segunda lectura		–		=	

Para el hogar Pida a su niño o niña que lea el pasaje y que preste atención al objetivo en la parte superior de la página.

Nombre _____

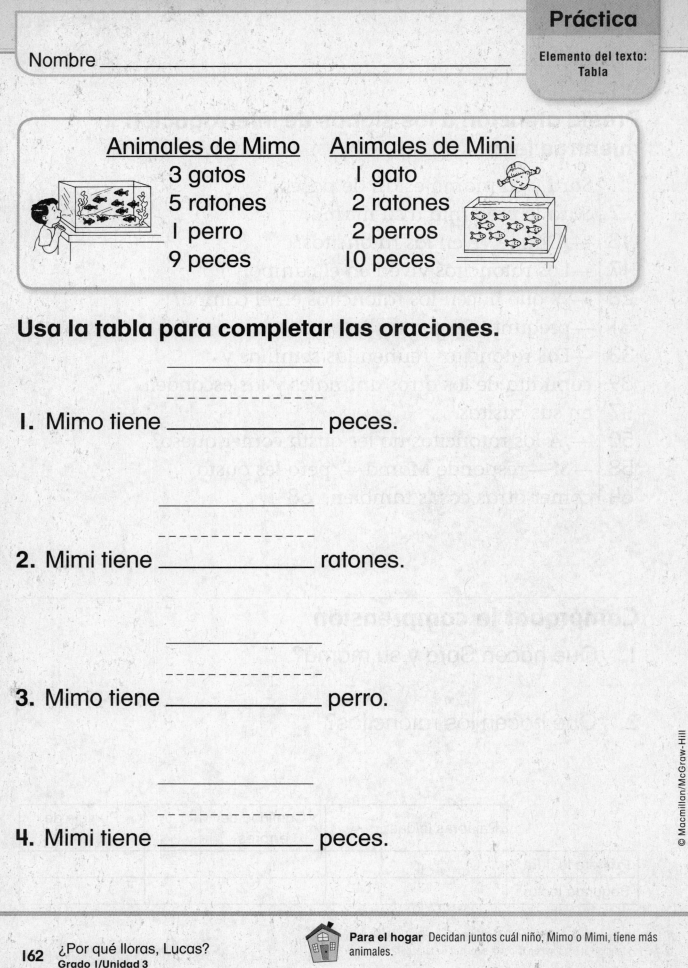

Animales de Mimo

   3 gatos
   5 ratones
   1 perro
   9 peces

Animales de Mimi

   1 gato
   2 ratones
   2 perros
   10 peces

Usa la tabla para completar las oraciones.

1. Mimo tiene _____ peces.

2. Mimi tiene _____ ratones.

3. Mimo tiene _____ perro.

4. Mimi tiene _____ peces.

© Macmillan/McGraw-Hill

Para el hogar Decidan juntos cuál niño, Mimo ó Mimi, tiene más animales.

Nombre _____

Escribe la sílaba *za*, *ce*, *ci*, *zo* o *zu* para formar la palabra que corresponde a cada ilustración.

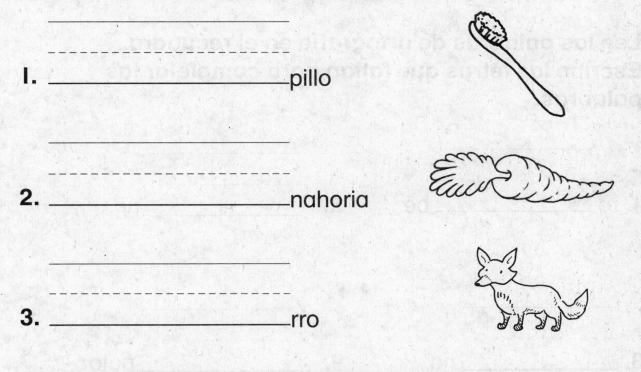

1. _____pillo

2. _____nahoria

3. _____rro

Lee las sílabas. Luego, combínalas para formar una palabra. Escribe la palabra en el espacio en blanco.

1. ce-ja   _____

2. ci-ne   _____

3. za-pa-to _____

 Para el hogar Pida a su niño o niña que subraye la sílaba acentuada en cada una de las palabras formadas en los ejercicios de esta página.

Bailar y bailar • **Grado 1/Unidad 3**   **163**

Nombre _____

| cine | recibe | zapato | receso | azulejo | zona |

Lee las palabras de ortografía en el recuadro. Escribe las letras que faltan para completar las palabras.

I. re _____ be

2. _____ ne

3. _____ na

4. _____ pato

5. re _____ so

6. a _____ lejo

 Para el hogar Pida a su niño o niña que invente una oración o cuento gracioso usando las palabras de arriba.

Nombre _____

| traje | ruido | fiesta | bailar | preguntó |

Usa las palabras del recuadro para completar las oraciones.

1. Ayer mi papá se puso un _____.

2. Lalo me _____ si quería salir.

3. Lola y Lala me invitan a una _____.

4. No me gusta cuando hay mucho_____.

5. ¿Te gusta _____?

Pàra el hogar Pida a su niño o niña que piense en otras oraciones
para las palabras del recuadro.

Bailar y bailar • Grado I/Unidad 3   165

© Macmillan/McGraw-Hill

Nombre _____

El **sustantivo** y el **verbo** deben concordar en **número**. (plural o singular)

Ejemplo: _El traje es_ de color rojo.

Los trajes son de color rojo.

Lee las siguientes oraciones. Encierra en un círculo el verbo resaltado que concuerde con el sustantivo.

1. Los amigos **va van** a salir.

2. La abuela **bajaron bajó** de la loma.

3. Todos **esperamos espera** a la abuela.

4. ¿No **vendrá vendrán** el abuelo?

5. Él no **podemos puede** venir.

6. Nosotros **encontramos encuentra** nuestros patines.

Para el hogar Pida a su niño o niña que cree oraciones acerca de cosas que le gusta hacer con su familia. Pídale que use un verbo y un sustantivo en cada oración.

Nombre _____

Cuando la **c** va seguida de **e** o **i** tiene el sonido /**s**/.

recibe　　　cine　　　veces　　　receso　　　pececito

Lee las oraciones. Usa las palabras del recuadro para completarlas.

_____

I. Leo las palabras de ortografía muchas _____.

_____

2. Mi prima _____ los regalos.

_____

3. Yo juego a la hora del _____?

_____

4. Vi en _____ en una pecera.

_____

5. Me gusta ir al _____.

 Para el hogar Pida a su niño o niña que haga un dibujo para cada oración.

Bailar y bailar • **Grado 1/Unidad 3**　**167**

Nombre _____

Tacha la palabra de ortografía que no está escrita correctamente.

Escribe la palabra correcta.

1. zine   cine   sine   _____

2. recibe   resibe   rezibe   _____

3. capato   sapato   zapato   _____

4. zona   sona   cona   _____

5. azulejo   asulejo   axulejo   _____

6. receso   resezo   rezeso   _____

© Macmillan/McGraw-Hill

Para el hogar Pida a su niño o niña que escriba una oración usando una de las palabras de ortografía.

Nombre _____

Mientras lees Bailar y bailar, completa el diagrama de sacar conclusiones.

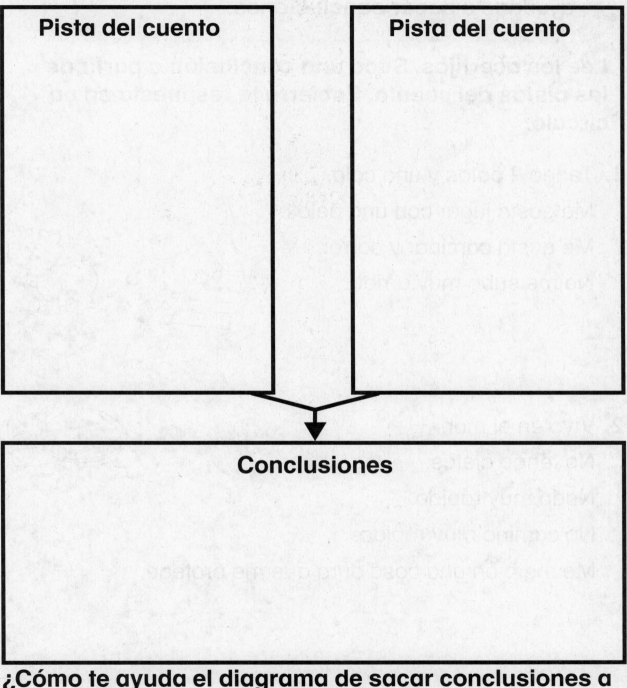

Pista del cuento	Pista del cuento

Conclusiones

¿Cómo te ayuda el diagrama de sacar conclusiones a comprender lo que pasa en Bailar y bailar?

Para el hogar Pida a su niño o niña que use el diagrama para volver a contar el cuento.

Bailar y bailar • Grado I/Unidad 3   **169**

© Macmillan/McGraw-Hill

Nombre _____

> Puedes usar **lo que lees** y **lo que ya sabes** para ayudarte a **sacar conclusiones**.

Lee los acertijos. Saca una conclusión a partir de las pistas del cuento. Encierra la respuesta en un círculo.

1. Tengo 4 patas y una cola.

Me gusta jugar con una pelota.

Me gusta caminar y correr.

No me subo muy arriba.

2. Vivo en el mar.

No tengo aletas.

Nado muy rápido.

No camino muy rápido.

Me meto en una cosa dura que me protege.

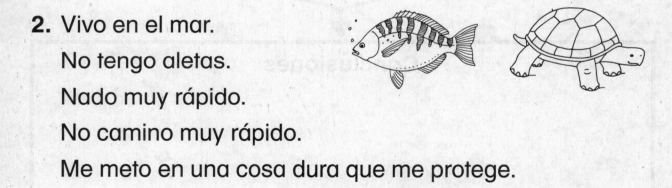

© Macmillan/McGraw-Hill

Para el hogar Ayude a su niño o niña a sacar conclusiones a partir de algunas pistas que usted le provea. Fíjese en los ejemplos de la página.

Práctica

Gramática:
Acentuación de los
verbos en pasado
y en futuro

Nombre _____

> En general, los **verbos** se acentúan en pasado y en futuro cuando van en singular.

Encierra en un círculo los verbos que no están acentuados. Subraya la sílaba que debe llevar acento. Escribe el verbo correctamente en el espacio en blanco.

1. Mi mamá habló con mi papá. _____

2. Yo bailare con Sara en la fiesta. _____

3. Remi me pregunto si quería salir. _____

4. Mañana iré de paseo con mi perro. _____

5. Esta noche cenare afuera. _____

Para el hogar Pida a su niño o niña que use dos de los verbos en una oración nueva.

Nombre _____

Presta atención al diálogo mientras lees.

	—¡Hola, Abuelo! —dijo Tani—.
4	¿Bailarás en la fiesta?
8	—¡Cómo no! —le dijo el abuelo—.
14	Me vestiré de traje. Ayer me compré uno.
22	—¡Qué bueno! —dijo Tani—.
26	—Pero yo no tengo una camisa bonita, Abuelo.
34	—¡No hay problema! Yo te daré una
41	—le dijo el abuelo. 45

Comprobar la comprensión

1. ¿Adónde van el abuelo y Tani?

2. ¿Qué harán en la fiesta?

	Palabras leídas	–	Cantidad de errores	=	Puntaje de palabras
Primera lectura		–		=	
Segunda lectura		–		=	

Para el hogar Pida a su niño o niña que lea el pasaje y que preste atención al objetivo en la parte superior de la página.

Nombre _____

Una lista numérica es una serie de cosas escritas
en orden de **1, 2, 3, 4**

Haz dos listas. Usa las palabras del recuadro como ayuda.

pluma	blusa	tiza
traje	goma	gorra

Para salir de paseo

1. _____

2. _____

3. _____

Para la escuela

1. _____

2. _____

3. _____

Para el hogar Pida a su niño o niña que haga una lista de cosas que llevar para merendar en el campo.

Bailar y bailar • Grado 1/Unidad 3   **173**

© Macmillan/McGraw-Hill

Práctica

Fonética:
Sílabas inversas con
n y *r*

| ardilla | ondulado | arde |

Usa las palabras del recuadro para completar cada oración. Subraya la sílaba acentuada en cada palabra que escribas.

1. La fogata _____.

2. El pelo de Mimi es _____.

3. La _____ come mucho.

Lee las sílabas. Luego, combínalas para formar una palabra. Escribe la palabra en el espacio en blanco.

1. gi-gan-te _____

2. cir-co _____

3. can-gu-ro _____

Para el hogar Pida a su niño o niña que lea las palabras que formó en el segundo ejercicio y que identifique la sílaba acentuada en cada una.

© Macmillan/McGraw-Hill

Práctica

Ortografía:
Sílabas inversas con
n y *r*

Nombre _____

ardilla   entero   ordena   unta   once   invitado

Lee las palabras del recuadro. Escribe las palabras que comiencen con *vocal + r*.

1. _____

2. _____

Escribe las palabras que comiencen con *vocal + n*.

3. _____

4. _____

5. _____

6. _____

Para el hogar Pida a su niña o niño que diga otras palabras
con sílabas inversas con *n* y *r*.

Uno y siete • Grado I/Unidad 4   175

| padre | vivía | siete | siempre | mismo |

Usa las palabras del recuadro para completar las oraciones.

_____

- - - - - - - - - -

I. La ardilla _____ en la pradera.

_____

- - - - - - - - - -

2. A la niña le gusta jugar con su _____.

_____

- - - - - - - - - -

3. El vaquero ordeña _____ vacas.

_____

- - - - - - - - - -

4. El niño dijo lo _____ que su papá.

_____

- - - - - - - - - -

5. La soga _____ se enreda.

© Macmillan/McGraw-Hill

Para el hogar Pida a su niño o niña que piense en otras oraciones para las palabras del recuadro.

Nombre _____

Mientras lees <u>Uno y siete</u>, completa la tabla de hacer predicciones.

Lo que predigo	Lo que sucede

¿Cómo te ayuda la tabla de hacer predicciones a comprender lo que pasa en <u>Uno y siete</u>?

Para el hogar Pida a su niño o niña que use el diagrama para volver a contar el cuento.

Nombre _____

Lee las oraciones. Escribe una predicción.

1. La cometa de Timi está rota. Su papá lo
ayuda. Su papá

_____

_____

_____.

2. El perro de Kiko jugaba en el lodo. El perro
está en el baño. Kiko lo

_____

_____

_____.

3. Sami quiere usar sus patines. Va a
salir con su papá. Sami y su papá

_____

_____

_____.

4. Sami quiere un cachorro. Sami y su mamá
van a ver los cachorros. Sami y su mamá

_____

_____

_____.

© Macmillan/McGraw-Hill

Para el hogar Pida a su niño o niña que le platique sobre qué pasará
en uno de los cuentos.

Nombre _____

Los **verbos** no sólo expresan una acción sino también un estado. Ejemplo: Me gusta **ser** una niña. Yo quiero **estar** con mi mamá.

Encierra en un círculo el verbo que corresponda a la oración.

1. Yo (soy, estoy) con mis amigas.

2. Ana (es , está) una chica muy bonita.

3. Las ardillas (son , están) en la pradera.

4. (Somos , Estamos) en la sala con Pablo.

5. ¿(Eres , Estás) enojado con tu gemelo?

6. Ella (está, es) en la playa.

7. ¿(Están, Son) ustedes los jinetes?

© Macmillan/McGraw-Hill

Para el hogar Pida a su niño o niña que escriba dos oraciones: una con el verbo *estar* y otra con el verbo *ser*.

Práctica

Ortografía:
Sílabas inversas con
n y *r*

Nombre _____

Encierra en un círculo la palabra que completa cada oración. Escribe la palabra.

_____

- - - - - - - - - - - - - - - - - - - -

1. Me comí un plátano _____.

anterior   entero

_____

- -

2. La hormiga tiene dos _____.

ardillas   antenas

_____

- -

3. Amo el _____.

ancho   arte

_____

- -

4. Tengo que hacer una llamada _____.

urgente   unta

_____

- -

5. ¿Te gusta saltar _____ de la cama?

ordena   encima

Para el hogar Pida a su niño o niña que busque dos de las palabras que escribió, en una revista o en su cuento favorito.

Práctica

Ortografía:
Sílabas inversas con
n y *r*

Nombre _____

Para dividir palabras con sílabas inversas, la primera vocal va con la primera consonante y la consonante que sigue va con la próxima vocal.
Ejemplo: **ar**-di-lla, **en**-te-ro.

| ardilla | entero | ordena | unta | once | invitado |

Separa en sílabas cada palabra del recuadro. Escribe una rayita entre las sílabas.

1. _____

2. _____

3. _____

4. _____

5. _____

6. _____

Para el hogar Anime a su niño o niña a escribir una oración con una de las palabras de ortografía.

Uno y siete • Grado I/Unidad 4   **181**

© Macmillan/McGraw-Hill

Nombre _____

El **diccionario** es un libro que da los significados
de las palabras. Algunas palabras tienen más de un
significado.

Lee las definiciones

ordenar **1.** poner en orden: **Ordena** tus cajones.
2. mandar: Mi papá le **ordenó** al perro salir
de la casa.

mango **1.** fruta tropical: El **mango** es jugoso.
2. pomo de la puerta: Abre la puerta por el
mango.

Escoge la definición correcta para la palabra. Rellena el círculo.

1. ordenar
○ correr rápido   ○ poner la casa en orden

2. ordenar
○ mandar a la niña a hacer algo   ○ llorar mucho

3. mango
○ una fruta   ○ bailar bien

4. mango
○ se va   ○ abre la puerta

 Para el hogar Pida a su niño o niña que invente una oración usando
los dos significados de la palabra *ordenar*.

Nombre _____

Presta atención a la entonación del pasaje mientras lees.

	Enzo y Arturo son dos niños.
6	Yo me llamo Enzo y vivo en la
14	Calle Siete. Tenía un amigo llamado
20	Arturo. Yo tenía siete años y Arturo tenía
28	cinco. Siempre era lo mismo: ¡a jugar
35	y jugar! Un día el padre de Arturo le
44	dijo que se tenía que ir a vivir a otro
54	lado. Arturo se tuvo que ir con su padre.
63	Arturo ya no vive en la Calle Siete pero
72	me visita. 74

Comprobar la comprensión

I. ¿Qué hacen Enzo y Arturo juntos?

2. ¿Por qué ya no vive Arturo en la Calle Siete?

	Palabras leídas	–	Cantidad de errores	=	Puntaje de palabras correctas
Primera lectura		–		=	
Segunda lectura		–		=	

Para el hogar Pida a su niño o niña que lea el pasaje y que preste atención al objetivo en la parte superior de la página.

© Macmillan/McGraw-Hill

Nombre _____

Recuerda que el verbo **ser** se usa cuando la acción es permanente. El verbo **estar** se usa cuando las acción es temporal.

Encierra en un círculo el verbo correcto para cada oración. Escribe el verbo en la línea.

1. (Soy / Estoy) con mi amiga Ana. _____

2. ¿Quieres (ser / estar) profesora en el futuro? _____

3. Mi gato (está / es) en casa todo el día. _____

4. Enzo (está / es) un niño de siete años. _____

5. (Estamos / Somos) un grupo muy unido. _____

 Para el hogar Pida a su niño o niña que escriba una oración usando los verbos *ser* y *estar* en su forma conjugada.

Nombre _____

> Las **leyendas** les cuentan a los lectores más
> sobre una foto o un dibujo.

Encierra en un círculo la leyenda que hable sobre el dibujo.

1. una víbora
un venadito

2. el lago
la ardilla

3. mi bicicleta
el bosque

4. la montaña
la fogata

5. el campamento
la casa de la profesora

6. el pez de papá
el perro de Sami

© Macmillan/McGraw-Hill

Para el hogar Anime a su niña o niño a recortar algunas fotos de una
revista. Ayúdelo a escribir leyendas para las fotografías.

Nombre _____

| cabra | roble | broma | amable | culebra | bloque |

Lee las palabras del recuadro. Encierra en un círculo la palabra que nombre cada dibujo. Escribe la palabra.

1. culebra   cuñada

2. canta   cabra

3. blanco   bloque

4. broma   brisa

5. amable   habla

6. cable   roble

© Macmillan/McGraw-Hill

Para el hogar Ayude a su niño o niña a escribir una oración para cada palabra encerrada en un círculo.

Nombre _____

| hablador | bravo | invisible | broche | blusa | sobre |

Lee cada fila de palabras. Tacha con una X las que no son palabras de ortografía.

1. sobre   invisible   pozo

2. prima   blusa   bravo

3. bravo   hablador   hada

4. broche   silla   invisible

5. hablador   ropa   broche

6. sobre   invisible   pluma

7. plato   bravo   broche

8. invisible   tabla   sobre

© Macmillan/McGraw-Hill

Para el hogar Usa dos de las palabras de ortografía para inventar una frase divertida, como un "broche hablador". Haz un dibujo basado en la frase.

volar vuela madre fuerte siente tremendo veloz

Usa las palabras del recuadro para completar las oraciones.

1. Mi padre es el marido de mi _____.

2. Soy un niño sano y _____.

3. Se _____ bien ser amado.

4. El pájaro _____ alto.

5. Mi hermanito siempre tiene un problema; es _____ _____ _____.

6. ¿Quieres _____ como un pájaro?

7. Puedo correr muy rápido; soy _____.

Para el hogar Pida a su niño o niña que escriba una oración usando una de las palabras del recuadro.

© Macmillan/McGraw-Hill

Nombre _____

Mientras lees <u>Tito y Ron</u>, completa la tabla de personajes y ambiente.

Ambiente	¿Qué hacen los personajes ahí?
1.	1.
2.	2.
3.	3.
4.	4.

¿Cómo te ayuda la tabla de personajes y ambiente a volver a contar <u>Tito y Ron</u>?

© Macmillan/McGraw-Hill

Para el hogar Pida a su niño o niña que use la tabla para volver a contar el cuento.

El **ambiente** es donde tiene lugar un cuento.

Los **personajes** son las personas o animales de un cuento.

ambiente   personajes

Piensa en cómo es un ambiente de escuela. Encierra en un círculo las personas y cosas que podrías encontrar dentro de una escuela.

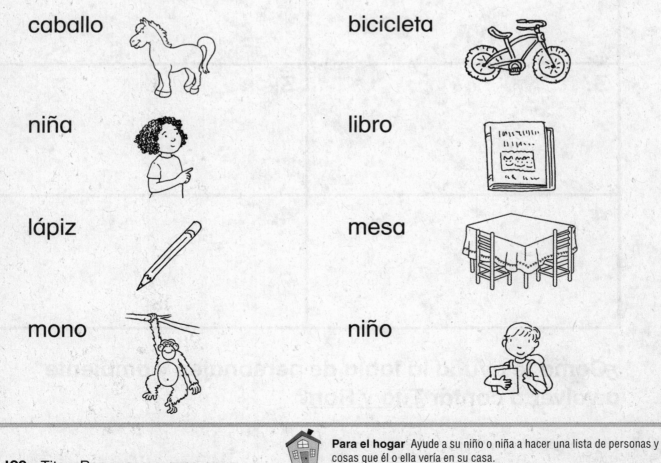

caballo

bicicleta

niña

libro

lápiz

mesa

mono

niño

© Macmillan/McGraw-Hill

Para el hogar Ayude a su niño o niña a hacer una lista de personas y cosas que él o ella vería en su casa.

Nombre _____

El **verbo** *ir* es un verbo **irregular**. Esto significa que se conjuga de otra forma que los verbos regulares. Mira la siguiente tabla:

ir
Yo **voy**
Tú **vas**
Él / ella / usted **va**
Nosotros **vamos**
Ellos / ellas / ustedes **van**

Completa las oraciones. Usa la tabla de arriba como ayuda.

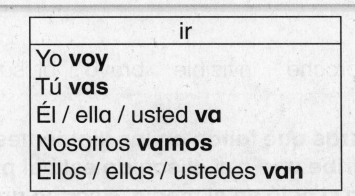

1. Yo _____ a recoger latas.

2. Mela y Leti _____ a recoger botellas.

3. Nosotros _____ a recoger el desorden.

4. Leti _____ a llevar papeles al carro.

5. Tú _____ a ayudar.

Para el hogar Pida a su niño o niña que invente unas oraciones sobre mantener limpio su vecindario. Pídale que use unas conjugaciones del verbo *ir* en las oraciones.

Nombre _____

Los sonidos *bl* y *br* se encuentran al principio, en medio y al final de las palabras.
Ejemplo: principio: **br**avo /medio: ha**bl**ador /final: invisi**ble**.

| hablador | broche | invisible | bravo | blusa | sobre |

Escribe las letras que faltan en las siguientes palabras. Escribe una *p* si el sonido está al principio. Escribe una *m* si está en el medio. Escribe una *f* si está al final.

1. _____ oche _____

2. so _____ e _____

3. invisi _____ e _____

4. ha _____ ador _____

5. _____ avo _____

6. _____ usa _____

© Macmillan/McGraw-Hill

Para el hogar Pida a su niño o niña que escriba una oración usando una de las palabras de arriba.

Nombre _____

Busca las palabras de ortografía dentro de la sopa de letras. Encierra en un círculo cada palabra que encuentres.

| invisible | hablador | bravo | broche | blusa | sobre |

```
i  n  v  i  s  i  b  l  e
o  k  c  q  v  h  y  w  b
h  a  b  l  a  d  o  r  r
v  h  r  i  o  b  k  z  i
b  g  a  b  h  v  q  r  s
r  w  v  r  b  l  u  s  a
o  h  o  e  f  z  g  o  t
c  x  b  v  t  y  k  b  i
h  p  u  e  b  l  o  r  w
e  i  x  p  r  h  q  e  b
```

Escribe las palabras de ortografía.

1. _____

2. _____

3. _____

4. _____

5. _____

6. _____

Para el hogar Pida a su niño o niña que escriba una oración usando una de las palabras del recuadro.

Tito y Ron • Grado I /Unidad 4   193

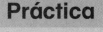

Las **pistas de contexto** son palabras de una oración que te ayudan a descubrir el significado de una palabra nueva.

Usa las pistas de contexto para descubrir el significado de la palabra <u>subrayada</u>. Rellena el círculo al lado de la respuesta correcta.

1. El chico con el bate es <u>famoso</u>. Toda la gente lo conoce.

○ bien conocido

○ fuerte

2. A mi madre le gustan las flores. La rosa es su <u>favorita</u>.

○ un color rojo

○ preferida

3. <u>Gozo</u> del tiempo. Es muy soleado.

○ me gusta

○ no me gusta

4. Tengo una novela. Es muy <u>probable</u> que la lea.

○ es muy posible

○ es ridículo

© Macmillan/McGraw-Hill

Para el hogar Escribe una oración usando una de las palabras subrayadas.

Nombre _____

Presta atención al diálogo mientras lees.

	—Necesito su ayuda —le dijo Mela a Tani—.
8	Vivo en la casa al lado de la suya
17	y acabo de salir sin mi llave. ¡Ahora
25	no puedo hacer nada!
29	—Yo la puedo ayudar.
33	No hay problema —dijo
37	Tani—. Yo tengo una llave.
42	—¿Cómo es posible?
45	¿Tiene usted una llave?
49	—le preguntó Mela.
52	—Yo vivía en su casa hace mucho.
59	¡Sigo con una llave! —le dijo Tani a Mela.
68	—¡Qué bien! —le dijo Mela. 73

Comprobar la comprensión

1. ¿Qué le pide Mela a Tani?

2. ¿Por qué tiene una llave Tani?

	Palabras leídas	—	Cantidad de errores	=	Puntaje de palabras
Primera lectura		—		=	
Segunda lectura		—		=	

Para el hogar Pida a su niño o niña que lea el pasaje y que preste atención al objetivo en la parte superior de la página.

Encierra en un círculo las conjugaciones del verbo *ir* que no sean correctas. Escribe la conjugación correcta al lado de la oración.

1. Tani van a ayudar a Mela con la llave. _____

2. Lola y Lalo ir a la fiesta de Tita. _____

3. Yo vas a salir de paseo con mi mamá. _____

4. Mi gemelo y yo voy a jugar a la pelota. _____

5. ¿Te vamos de aquí? _____

6. Yo va a bailar con mi amiga Leti. _____

 Para el hogar Pida a su niño o niña que vuelva a escribir las oraciones en otra hoja de papel.

Nombre _____

Las palabras de un poema suelen **rimar**.
Las palabras en rima comienzan con sonidos
diferentes pero terminan con el mismo sonido.
Ejemplo: ma**dre**   p**adre**

Lee el poema. Escribe las palabras que riman en la línea.

1. Pamela mete la pata.
Da mucha lata.

_____

- - - - - - - - - - - - - - - -

_____

2. No juega con la pelota.
Esta totalmente rota.

_____

- - - - - - - - - - - - - - - -

_____

3. Mira como rebota.
Esa pelota.

_____

- - - - - - - - - - - - - - - -

_____

Para el hogar Pida a su niño o niña que escriba su propio poema.

Tito y Ron • Grado 1 /Unidad 4   **197**

Nombre _____

| tecla | bicicleta | ancla | crayola | secreto | clima |

Lee las palabras del recuadro. Escribe la sílaba que falta para completar cada palabra.

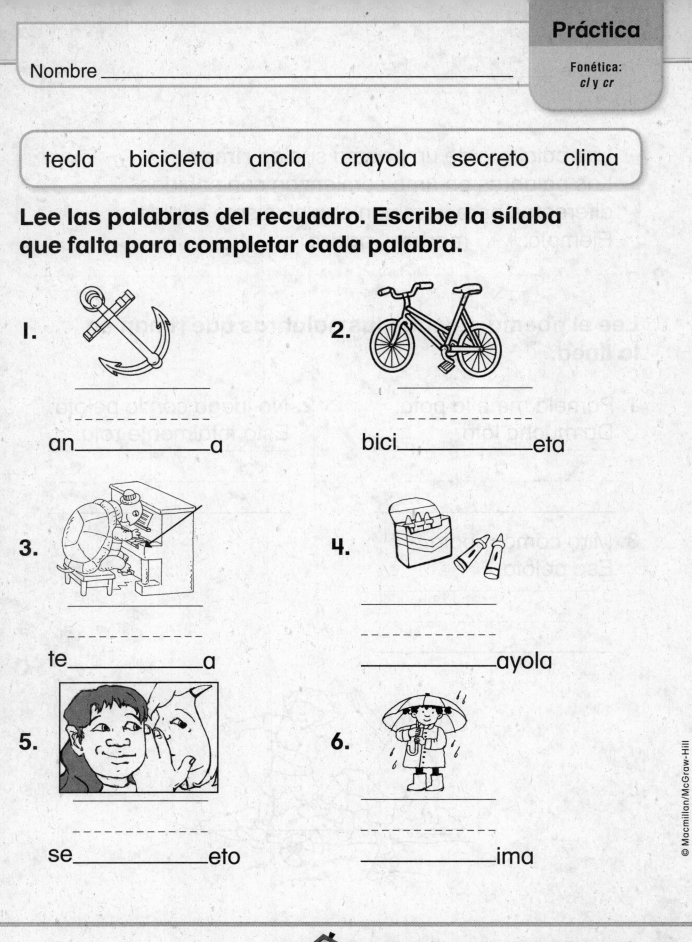

1.

an_____a

2.

bici_____eta

3.

te_____a

4.

_____ayola

5.

se_____eto

6.

_____ima

Para el hogar Pida a su niño o niña que escriba una oración usando una de las palabras de arriba.

© Macmillan/McGraw-Hill

| crema | clara | clase | clavo | clima | crucero |

Usa las pistas para escribir las palabras de ortografía en las líneas.

I. Cuando vas de viaje por mar, puedes ir en un

_____

_ _ _ _ _ _ _ _ _ _ _

_____ .

_____

_ _ _ _ _ _ _ _ _ _ _ _

2. Al lado de la yema está la _____ .

_____

_ _ _ _ _ _ _ _ _ _ _ _

3. Uso un _____ para que se quede fijo el marco

de madera.

_____

_ _ _ _ _ _ _ _ _ _ _ _

4. Mi _____ favorita es la de matemática.

_____

_ _ _ _ _ _ _ _ _ _ _ _

5. ¿Te gusta el café con o sin _____?

_____

_ _ _ _ _ _ _ _ _ _ _ _

6. Si el _____ es frío debes ponerte un abrigo.

Para el hogar Pida a su niño o niña que escriba una oración sobre lo que le gusta hacer los días de lluvia.

César Chávez • Grado I/Unidad 4   199

Nombre _____

| cambiar | mejor | moverse/mudarse |
| comprar | maduro | difícil |

Usa las palabras del recuadro para completar las oraciones (pista: en la primera oración, usa dos de las palabras de vocabulario).

_____

I. Mi _____ amigo va a

_____

_____ a otro pueblo.

2. Voy a _____ un regalo para mi madre.

3. Es muy _____ usar los palillos chinos.

4. El kiwi no está _____.

5. Me voy a _____ la camisa sucia.

Para el hogar Pida a su niño o niña que escriba una oración usando una de las palabras de arriba.

© Macmillan/McGraw-Hill

Nombre _____

Mientras lees <u>César Chávez</u>, completa el diagrama de volver a contar.

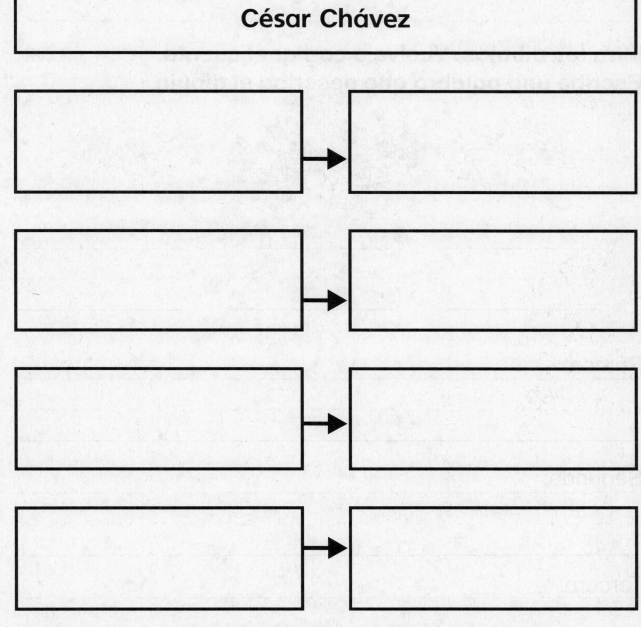

¿Cómo te ayuda el diagrama de volver a contar a visualizar <u>César Chávez</u>?

Para el hogar Pida a su niño o niña que use el diagrama para volver a contar el cuento.

Nombre _____

Cuando **vuelves a contar** un cuento, dices las partes más importantes solamente.

Mira los dibujos. Vuelve a contar el cuento.
Escribe una palabra que describa el dibujo.

_____   _____   _____

- - - - - - - -   - - - - - - - -   - - - - - - - -

_____   _____   _____

Primero: _____

- -

_____

Segundo: _____

- -

_____

Tercero: _____

- -

_____

 Para el hogar Pida a su niño o niña que escoja un cuento folclórico o de hadas, y que lo vuelva a contar. Recuérdele a su niño o niña que debe incluir las partes más importantes solamente.

Nombre _____

El verbo *hacer* tiene varios significados, entre los más comunes son los de producir, causar, o realizar algo.
El verbo hacer se conjuga así:

Yo **hago**	Nosotros **hacemos**
Tú **haces**	Ellos / ellas / ustedes **hacen**
Él / ella / usted **hace**	

Fíjate en las conjugaciones del verbo *hacer* para completar las siguientes oraciones.

1. El gallo _____ mucho ruido en la mañana.

2. Tú _____ el mejor guiso de pollo adobado.

3. Yo _____ el aseo cuando me lo pide mi madre.

4. Nosotros _____ el mejor guiso de pollo

   adobado.

5. Toño y Gabi _____ una buena música.

Para el hogar Pida a su niño o niña que haga un dibujo y escriba una oración que use el verbo *hacer*.

César Chávez • **Grado I/Unidad 4**   **203**

Nombre _____

Juntas, las letras **cr** tienen un sonido fuerte. Juntas, las letras **cl** tienen un sonido más suave. Es necesario distinguir entre las palabras que llevan **cl** o **cr**.

| crema | clara | clase | clavo | clima | crucero |

Lee las oraciones de abajo. Usa las palabras del recuadro para completar las oraciones. Di las palabras en voz alta.

1. El muro tiene un _____.

2. Gabi bebe su café con _____.

3. Me gusta la _____ de lectura.

4. Se dice que la _____ es más sana que la yema.

5. No me gusta el _____ seco de ese lugar.

6. Iré en un _____ por el mar Caribe.

© Macmillan/McGraw-Hill

Para el hogar Pida a su niño o niña que escriba una oración usando una de las palabras de ortografía.

Nombre _____

Lee las palabras. Sólo una de ellas está bien escrita. Escribe la palabra correcta en la línea.

1. clara   crara   _____

2. cravo   clavo   _____

3. cruzero   crucero   _____

4. clase   crase   _____

Encierra en un círculo la palabra que esté escrita correctamente.

5. crima   clima   clema

6. crema   clema   cerma

Para el hogar Pida a su niño o niña que escriba una oración usando una de las palabras de arriba.

© Macmillan/McGraw-Hill

César Chávez • Grado I/Unidad 4   **205**

Nombre _____

Lee las definiciones.

mudarse 1. Cambiar de casa para vivir en otra:
Leti **se muda** a la casa de arriba. **2.** Cambiar una
piel por otra: La culebra **mudó** su piel.

maduro 1. Dicho de una persona mayor: Javi solo
tiene ocho años pero es muy **maduro**. **2.** Listo
para comer: Este plátano está **maduro**.

Rellena el círculo del significado de cada palabra que está resaltada.

1. Soni se va a **mudar** a otro pueblo.

○ se va de la casa

○ se pone otra camisa

2. Dani es muy **maduro**.

○ se va a comer

○ parece tener más años

3. La culebra **mudó** su piel por una piel nueva.

○ se cambió de piel

○ se va a vivir en un lugar lejano

4. El tomate no está **maduro**.

○ tiene muchos años

○ está listo para comer

 Para el hogar Pida a su niño o niña que piense en otra palabra
con más de un significado.

© Macmillan/McGraw-Hill

Nombre _____

Presta atención a las pausas de puntuación mientras lees.

	Ave y Oso están sentados juntos.
6	Es de noche y aparece la Luna.
13	—La Luna parece plana —dijo Ave—.
19	Pero sé que tiene forma de una bola.
27	—Yo puedo volar a la Luna —dijo Oso.
35	—¡No es así! ¡No es posible! —dijo Ave.
43	—Puedo hacer una nave en qué volar.
50	Así sí puedo volar —dijo Oso.
56	—¡Ja, ja, ja! Toma mucho tiempo ir
63	a la Luna. Yo puedo volar rápido pero
71	tú no —dijo Ave—. No es posible
78	volar a la Luna. Está muy lejos. 85

Comprobar la comprensión

1. ¿Cómo va a volar Oso a la Luna?

2. ¿Va a volar Ave a la Luna?

	Palabras leídas	–	Cantidad de errores	=	Puntaje de palabras
Primera lectura		–		=	
Segunda lectura		–		=	

Para el hogar Pida a su niño o niña que lea el pasaje y que preste atención al objetivo en la parte superior de la página.

Nombre _____

Lee el cuento. Encierra en un círculo las cuatro conjugaciones del verbo *hacer* que no sean correctas. Escribe los verbos correctamente.

Un día, Gabi hacen una comida. Invita a Rita y a Tito. Rita y Tito hago un aperitivo para la comida. Yo también voy a la comida. Yo hacemos una bebida de chocolate. Todos haces una comida muy sabrosa.

1. _____

2. _____

3. _____

4. _____

Para el hogar Pida a su niño o niña que piense en unos platos ricos que le gusten. Pídale que los dibuje y rotule.

Nombre _____

Un **diccionario** da el significado de las palabras.

cambiar   dejar una cosa por otra: **Cambié** mi coche viejo por uno nuevo.

mejor   preferible: Esta camisa es **mejor** que la otra.

comprar   obtener algo con dinero: Voy a **comprar** un regalo para mi mamá.

mover   cambiar de posición: ¡No te **muevas**!

Escribe una palabra del recuadro para completar cada oración.

1. Es muy caro _____ el oro.

2. Mi perro es mi _____ amigo.

3. Me voy a _____ de ropa.

4. Voy a _____ el brazo.

Para el hogar Junto con su niño o niña, busquen estas palabras en el diccionario. Lean los significados y las oraciones de muestra. Pida a su niño o niña que use una de las palabras en una oración.

César Chávez • **Grado 1/Unidad 4**   **209**

Nombre _____

flojo   Frida   flecos   Florida

Lee las palabras. Traza una línea desde la oración hasta el dibujo que describe la palabra con *fl* o *fr*.

I. El hilo del papalote
está <u>flojo</u>.

2. A <u>Frida</u> le gusta ayudar.

3. Tiene muchos <u>flecos</u>.

4. Fredo va a <u>Florida</u> con
su familia.

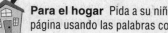

Para el hogar Pida a su niño o niña que describa las imágenes de esta
página usando las palabras con *fl* o *fr*.

Nombre _____

| frota | flota | franela | flecha | fresa | fruta |

Completa las palabras de ortografía con *fl*.

1. _____ota

2. _____echa

Completa las palabras de ortografía con *fr*.

3. _____ota

4. _____anela

5. _____esa

6. _____uta

© Macmillan/McGraw-Hill

Para el hogar Pida a su niño o niña que haga una lista de las palabras de ortografía. Luego pídale que encierre en un círculo las letras *fl* o *fr* al principio de cada palabra.

La Gran Montaña • Grado I/Unidad 4   211

Nombre _____

| frío | montaña | nieve | ríen | arriba |

Lee cada oración sobre las palabras subrayadas.
Escribe V si la oración dice algo verdadero.
Escribe F si la oración dice algo falso.

1. Subo si voy <u>arriba</u>. _____

2. El verano es <u>frío</u>. _____

3. La <u>nieve</u> es caliente. _____

4. La <u>montaña</u> es un lugar bajo. _____

5. Ellos se <u>ríen</u> si algo es cómico. _____

© Macmillan/McGraw-Hill

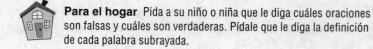

Para el hogar Pida a su niño o niña que le diga cuáles oraciones
son falsas y cuáles son verdaderas. Pídale que le diga la definición
de cada palabra subrayada.

Nombre _____

Mientras lees <u>La Gran Montaña</u>, completa el diagrama de problema y solución.

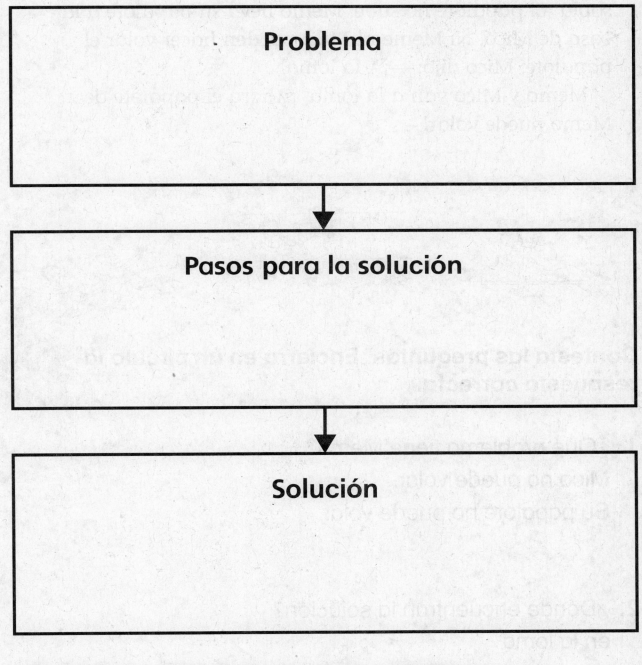

Problema

Pasos para la solución

Solución

¿Cómo te ayuda el diagrama de problema y solución a comprender mejor <u>La Gran Montaña</u>?

© Macmillan/McGraw-Hill

🏠 **Para el hogar** Pida a su niño o niña que use el diagrama para volver a contar el cuento.

La Gran Montaña • Grado I/Unidad 4   **213**

Nombre _____

Lee el cuento.

    Memo no puede hacer volar su papalote. La brisa no sopla. El papalote no sube. Memo lleva su papalote a la casa de Mico. Ni Meme ni Mico pueden hacer volar el papalote. Mico dijo: —¡A la loma!

    Memo y Mico van a la loma. ¡Ahora el papalote de Memo puede volar!

Contesta las preguntas. Encierra en un círculo la respuesta correcta.

I. ¿Qué problema tiene Memo?

Mico no puede volar.

Su papalote no puede volar.

2. ¿Dónde encuentran la solución?

en la loma

en la nieve

Para el hogar Pida a su niño o niña que describa un problema en casa o en la escuela y los pasos que tiene que seguir para resolverlo.

Nombre _____

El **adverbio** es una parte de la oración que no cambia y que modifica al verbo, al adjetivo o a otro adverbio. Ejemplo: La fresa está **bien** madura.

| tan | adentro | más | muy | aquí | mucho |

Encierra en un círculo el adverbio de cada oración.

1. El cerdito es muy bonito.

2. La semilla crece adentro del fruto.

3. Mi perrito se siente mucho mejor.

4. La fresa está bien madura.

5. Un árbol crecerá aquí.

6. El burrito es tan pequeño.

7. El caballo es más veloz que la gatita.

© Macmillan/McGraw-Hill

Para el hogar Pida a su niño o niña que piense en una oración que tenga un adverbio y que la escriba en una hoja de papel.

Nombre _____

| frota | flota | flecha | franela | fresa | fruta | frío | flor |

Encierra en un círculo la palabra de cada fila que tenga *fl*.

_____

1. frota   flecha   franela

_____

2. flor   fresa   frota

_____

3. frío   flota   frota

_____

Encierra en un círculo la palabra de cada fila que tenga *fr*.

_____

4. franela   flecha   flota

_____

5. flor   fruta   flecha

_____

6. flota   fresa   flecha

_____

7. flor   flecha   frío

_____

8. flota   frota   flecha

_____

Para el hogar Pida a su niño o niña que lea en voz alta cada palabra que escribió en las líneas de arriba. Pregúntele si oye la diferencia en la pronunciación de cada palabra con *fl* y cada palabra con *fr*.

Nombre _____

| frota | flota | fresa | fruta | franela | flecha |

Sólo una palabra de cada fila está bien escrita.
Escribe la palabra correcta en la línea.

_____

I. frato   frota   flato   _____

2. flota   fror   flato   _____

3. flecha   flicha   frecha   _____

4. flanela   frenala   franela   _____

5. fresa   frisa   safri   _____

6. tufra   fruta   furta   _____

Para el hogar Pida a su niño o niña que señale la palabra correcta y la deletree en voz alta.

Nombre _____

Las palabras tienen partes. La parte *-ando* aparece al final de algunos verbos.

Subraya las palabras con *-ando*. Escríbelas en la línea.

1. Estoy cantando sola. _____

2. Frida está bailando con Pepe. _____

3. Fredo está saltando con su perrito. _____

4. El pececito está flotando en el lago. _____

5. Clara está caminando por la montaña. _____

© Macmillan/McGraw-Hill

Para el hogar Pida a su niño o niña que use la palabra *estudiando* en una oración sobre su día en la escuela.

Nombre _____

Presta atención a la puntuación mientras lees.

	Un día, Gisela y Fátima van a la montaña.
9	Hace mucho frío, pero quieren ir.
15	—Hay mucha nieve en la montaña y
22	hace mucho frío —le dice Gisela a
29	Fátima—. ¿Aún quieres ir?
33	—¡Sí! Yo sé que va a ser un poco difícil,
43	pero será fantástico, ¿no crees? —contesta
49	Fátima.
50	—Está bien —dice Gisela—. ¡Vamos a la
57	montaña, a la nieve y al frío!
64	Gisela y Fátima subieron la montaña. Desde
71	allí podían ver una vista bella. 77

Comprobar la comprensión

I. ¿Qué van a hacer Gisela y Fátima?

2. ¿Por qué piensa Gisela que Fátima no querrá ir?

	Palabras leídas	–	Cantidad de errores	=	Puntaje de palabras
Primera lectura		–		=	
Segunda lectura		–		=	

© Macmillan/McGraw-Hill

 Para el hogar Pida a su niño o niña que lea el pasaje y que preste atención al objetivo en la parte superior de la página.

La Gran Montaña • **Grado I/Unidad 4** 219

Nombre _____

Subraya el adverbio de cada oración. Escribe A si el adverbio está antes de la palabra que modifica. Escribe D si está después de la palabra que modifica.

1. Al pájaro le gusta volar mucho. _____

2. La franela es muy grande. _____

3. El gatito de Fredo es más amable _____
que el gatito de Clara.

4. El cachorro es menos fuerte que su papá. _____

5. Rita corre despacio. _____

Para el hogar Anime a su niño o niña que señale y lea los adverbios que subrayó. Pídale que lea las oraciones.

© Macmillan/McGraw-Hill

Nombre _____

Una **tabla** muestra información en forma organizada.

Lee los nombres de animales del recuadro.
Escríbelos en forma organizada en la tabla.

| hormiga | gato | ballena | abeja |
| mariposa | tiburón | pez | pulpo |

Animales marinos	Animales terrestres
1.	1.
2.	2.
3.	3.
4.	4.

© Macmillan/McGraw-Hill

 Para el hogar Pida a su niño o niña que agregue otro rótulo a una parte del cuerpo del pez.

La Gran Montaña • Grado 1/Unidad 4 **221**

Práctica

Fonética:
Sílabas inversas con
l y *s*

Nombre _____

| espera | algo | escoba | aspira | escalera |

Lee las palabras. Usa las palabras del recuadro para completar las oraciones.

1. ¿Quieres comprar _____ de comida?

2. Se usa la _____ para barrer.

3. Mi madre me _____ en el carro.

4. Mi abuelo sube por la _____.

5. Ella _____ el piso de su casa.

Para el hogar Pida a su niño o niña que piense en otra palabra que comience con *vocal + l* o *vocal + s*.

© Macmillan/McGraw-Hill

Práctica

Ortografía:
Sílabas inversas con
l y *s*

Nombre _____

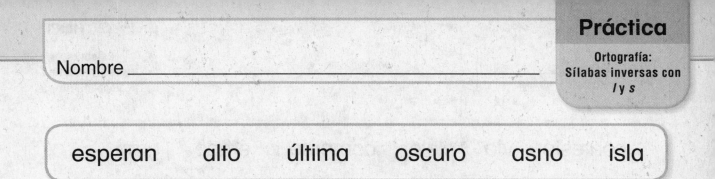

| esperan | alto | última | oscuro | asno | isla |

Encierra en un círculo las palabras que comienzan con *vocal + l* o *vocal + s*.

único   amigo   abre   isla   alto
última   ancla
asno   oscuro   hola
esperan   ubica   unta

Escribe las palabras que encerraste en círculos.

1. _____   2. _____   3. _____

4. _____   5. _____   6. _____

Para el hogar Escribe una oración acerca de un animal. Usa palabras
que comiencen con *vocal + l* o *vocal + s*.

El gallo de bodas • Grado I/Unidad 4   **223**

Nombre _____

| contestó | vio | cielo | comerse | érase | gran |

Escribe una palabra del recuadro para completar cada oración.

1. El pájaro va a _____ un gusano.

2. _____ un niño muy bueno.

3. Elisa es una _____ amiga.

4. Luis _____ el teléfono cuando sonó.

5. El ave vuela en el _____.

5. Mi mamá no me _____ salir de la casa.

Para el hogar Pida a su niño o niña que escriba una oración usando una de las palabras de arriba.

© Macmillan/McGraw-Hill

Mientras lees El gallo de bodas, completa el diagrama de volver a contar.

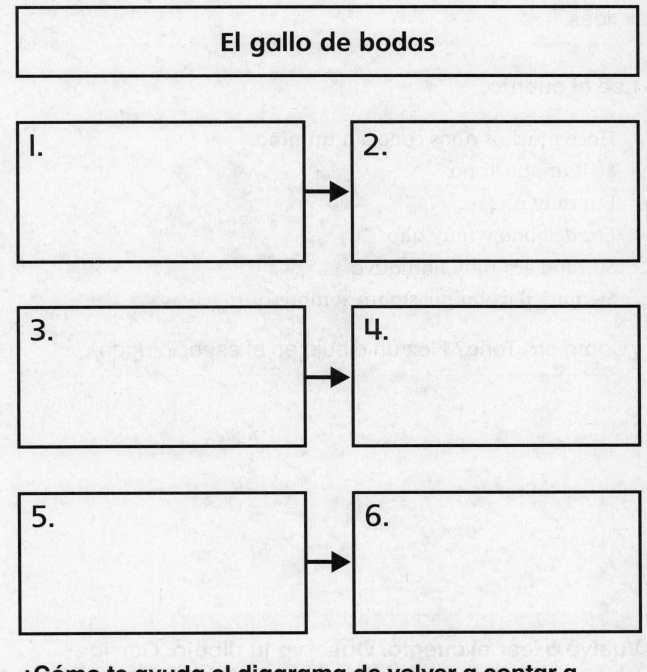

El gallo de bodas

1.

2.

3.

4.

5.

6.

¿Cómo te ayuda el diagrama de volver a contar a recordar El gallo de bodas?

Para el hogar Pida a su niño o niña que use el diagrama para volver a contar el cuento.

El gallo de bodas • Grado I/Unidad 4   **225**

© Macmillan/McGraw-Hill

Nombre _____

> **Visualizar** significa crear imágenes sensoriales en tu mente. Visualizar te permite comprender mejor lo que lees.

Lee el cuento.

Hace muchos años conocí a un niño.

Se llamaba Toño.

Era muy alegre.

Era delgado y muy alto.

Su ropa era muy llamativa.

Siempre llevaba puesto un sombrero.

¿Cómo era Toño? Haz un dibujo en el espacio dado.

Vuelve a leer el cuento. Observa tu dibujo. Corrige los elementos de tu dibujo que no coincidan con el cuento.

 Para el hogar Pida a su niño o niña que escoja un cuento folclórico o de hadas y que escriba las oraciones más importantes del cuento.

Nombre _____

> Las **preposiciones** *relacionan* las palabras de una oración.
>
> Ejemplo: Yo vengo **con** varios amigos.
>
> Las **conjunciones** *enlazan* palabras u oraciones.
>
> Ejemplo: No me gusta saltar **ni** correr.

> **Preposiciones**: a, ante, en, entre, con, contra, de, desde, hacia, hasta, para, por, sin, sobre, tras, bajo
>
> **Conjunciones**: y, o, u, ni, pero, si, sin embargo, no obstante

Encierra en un círculo las preposiciones de las siguientes oraciones.

1. ¿Se van en coche?

2. Paso por mi chaqueta.

3. ¿Quieres comprar algo para tu papá?

Encierra en un círculo las conjunciones de las siguientes oraciones.

4. Tengo un perro pero mi amigo no.

5. ¿Van a ir al cine o a la casa?

Para el hogar Pida a su niño o niña que lea las oraciones en voz alta. Pídale que piense en otras oraciones que podría formar usando las preposiciones y conjunciones en el recuadro.

Nombre _____

> Para **dividir palabras con sílabas inversas**, la primera vocal va con la primera consonante. La consonante que sigue va con la próxima vocal.
>
> Ejemplo: **al-to**

Divide las palabras en sílabas. Luego, lee las sílabas y subraya la sílaba acentuada en cada palabra.

1. alce _____ _____

2. algo _____ _____

3. altura _____ _____

4. esquí _____ _____

5. isla _____ _____

6. cesto _____ _____

© Macmillan/McGraw-Hill

Para el hogar Pida a su niño o niña que escriba una oración con una de las palabras de arriba y que luego haga un dibujo.

Práctica

Ortografía:
Sílabas inversas con
l y *s*

Nombre _____

Mira cada grupo de palabras.
Usa un lápiz para rellenar el círculo de la palabra que está escrita correctamente.

1. ○ ultima
   ○ última
   ○ lúltima

2. ○ oscuro
   ○ ozcuro
   ○ soscuro

3. ○ azno
   ○ asnno
   ○ asno

4. ○ arto
   ○ alto
   ○ halto

5. ○ isla
   ○ hisla
   ○ izla

6. ○ espedan
   ○ hesperan
   ○ esperan

 Para el hogar Pida a su niño o niña que escriba una oración con una de las palabras de arriba.

Nombre _____

Las **pistas de contexto** son palabras de una oración que te ayudan a descubrir el significado de una palabra nueva.

Usa las pistas de contexto subrayadas para descubrir el significado de la palabra resaltada.

1. Ya se secó el <u>lago</u> y por eso Lara va a la **laguna**.

2. Esta noche se **escucha** el <u>sonido</u> de un <u>búho</u>.

3. La fruta <u>cayó</u> al **piso** cuando Lina la <u>tiró</u>.

4. La <u>pelota</u> **rebota** <u>contra</u> el <u>muro</u> y llega al otro lado.

Ahora conecta la palabra con su significado.

1. laguna   donde se camina

2. escucha   lago

3. piso   salta

4. rebota   oye

Para el hogar Ayude a su niño o niña a usar pistas de contexto para descubrir palabras desconocidas entre las páginas de su libro favorito.

© Macmillan/McGraw-Hill

Presta atención a la entonación mientras lees.

	Érase un niño que siempre se
6	fijaba en lo que pasaba en el
13	lugar en que vivía. El niño
19	se llamaba Tito.
22	La nieve era lo que más le gustaba a
31	Tito. Un día cayó una gran
37	nevada y cubrió todo.
41	Tito era muy amable. Vio que
47	la gente necesitaba ayuda
51	para palear la nieve. Él
56	empezó a ayudar a la gente
62	de su calle a remover la nieve y
70	todos le dieron las gracias. 75

Comprobar la comprensión

1. Describe cómo Tito ayudó a la gente.

2. ¿Qué hizo la gente cuando recibió la ayuda de Tito?

	Palabras leídas	–	Cantidad de errores	=	Puntaje de palabras
Primera lectura		–		=	
Segunda lectura		–		=	

Para el hogar Pida a su niño o niña que lea el pasaje y que le preste atención al objetivo en la parte superior de la página.

> El **uso correcto de las preposiciones y conjunciones** es muy importante para que la oración tenga sentido.

Marca ✓ la oración que tenga la preposición o conjunción correcta. Encierra la preposición o conjunción correcta en un círculo.

I. Kara, Gabi y Chucho van juntos al cine. _____

Kara, Gabi pero Chucho van juntos al cine. _____

2. Yo puedo ir con me invitan. _____

Yo puedo ir si me invitan. _____

3. Este regalo es para ti. _____

Este regalo es y ti. _____

4. Sara está si Dani ahora. _____

Sara está con Dani ahora. _____

5. Tami va a salir sola. _____

Tami va y salir sola. _____

6. Estoy cuando mi casa. _____

Estoy en mi casa. _____

Para el hogar Pida a su niño o niña que le diga cuáles palabras forman las preposiciones y conjunciones en esta página.

© Macmillan/McGraw-Hill

Nombre _____

Los poemas suelen **repetir** palabras u oraciones más de una vez. La **aliteración** es la repetición de sonidos al inicio de un grupo de palabras.

Lee el poema. Completa las últimas oraciones.

El pelícano y el pececito

El pececito Paquito nada.
El pelícano Pedro planea bajito.

El pececito Paquito nada.
El pelícano Pedro parece
con apetito.

El pececito Paquito nada.
El pelícano Pedro abre el pico.

El pececito Paquito _____.

El pelícano Pedro _____.

I. ¿Qué palabras y oraciones se repiten?

_____

_____

2. ¿Qué grupos de palabras comienzan con el mismo sonido?

_____

_____

Para el hogar Ayude a su niño o niña a leer el poema en voz alta con expresión. Anímelo a escribir un poema que tenga repetición y aliteración.

© Macmillan/McGraw-Hill

Nombre _____

Lee las palabras. Elige una de las dos palabras al lado de los dibujos. Escríbela.

1. playa _____

   agua _____

2. negocio _____

   nevada _____

3. yegua _____

   yeso _____

4. llanta _____

   lluvia _____

5. espacio _____

   especie _____

© Macmillan/McGraw-Hill

 Para el hogar Pida a su niño o niña que lea y deletree las palabras con *ia, io* y *ua*.

Práctica

Ortografía:
Palabras con diptongos
ia, io, ua

Nombre _____

| biblioteca | dio | Juana | piano | viaje | sitio |

Completa las palabras de ortografía.

1. bi_____

2. d_____

3. p_____

4. v_____

5. sit_____

6. J_____

Vuelve a escribir las palabras enteras.

1. _____

2. _____

3. _____

4. _____

5. _____

6. _____

Para el hogar Pida a su niño o niña que piense en otras
palabras con *ia, io* y *ua*.

Reciclemos • **Grado I/Unidad 5** 235

© Macmillan/McGraw-Hill

Nombre _____

| pueda | puede | Tierra | limpio | reciclar | papel |

Escribe las letras que le faltan a las palabras para completar las oraciones.

1. El planeta en que vivimos se llama Tie_____.

2. Lavé el piso y ahora quedó bien limp_____.

3. Escribo en una hoja de pa_____.

4. Espero que Juana pue_____ ir a la fiesta esta noche.

5. El pollo no pue_____ volar.

6. Se puede re_____ metal, vidrio y papel.

Para el hogar Pida a su niño o niña que escriba una oración con una de las palabras del recuadro.

© Macmillan/McGraw-Hill

Nombre _____

Mientras lees <u>Reciclemos</u>, completa el diagrama de causa y efecto.

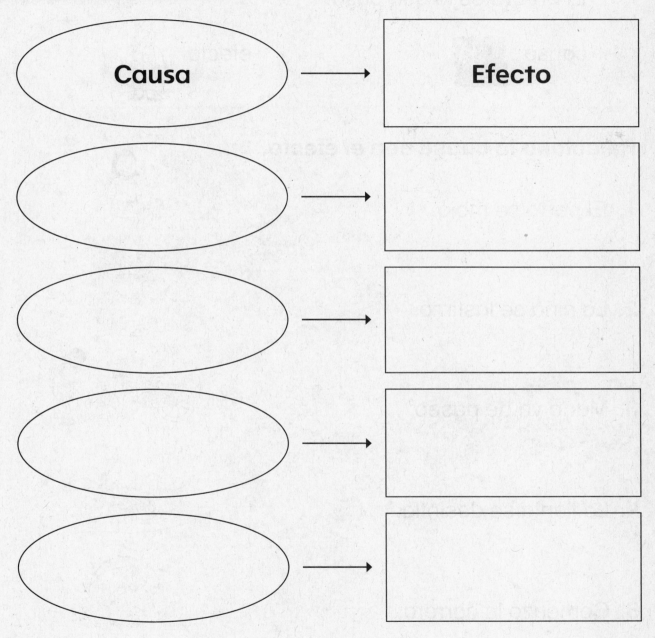

Causa → **Efecto**

¿Cómo te ayuda el diagrama de causa y efecto a comprender mejor <u>Reciclemos</u>?

© Macmillan/McGraw-Hill

Para el hogar Pida a su niño o niña que use el diagrama para volver a contar el cuento.

Nombre _____

La **causa** es por qué pasa algo.
El **efecto** es lo que pasa.

causa    efecto

Relaciona la causa con el efecto.

I. El perro se mojó.

2. La niña se lastimó.

3. María va de paseo.

4. La llanta se desinfla.

5. Comenzó la carrera.

6. Veo la lluvia.

 Para el hogar Doble una hoja de papel a la mitad. Pida a su niño o niña que dibuje la causa en una mitad y su efecto en la otra mitad.

© Macmillan/McGraw-Hill

Nombre _____

El **adjetivo** es una palabra que describe al sustantivo.

Ejemplo: Ésa es una gran pintura.

adjetivo sustantivo

Encierra en un círculo el adjetivo de cada oración. Subraya el sustantivo al que describe.

I. El velero flota en el mar enorme.

2. Una niña pequeña está en el velero.

3. Una brisa cálida le sopla el pelo.

4. La vela alta se mueve en el aire.

5. La gente en la playa arenosa saluda a la niña.

Para el hogar Pida a su niño o niña que señale unos objetos en el cuarto y que diga un adjetivo para describir cada objeto.

Reciclemos • Grado I/Unidad 5 **239**

Práctica

Ortografía:
Palabras con diptongos
ia, io, ua

Nombre _____

limpio	feria	suave	biblioteca	piano
Juana	dio	sitio	agua	lluvia
yegua	Diana	lengua	noria	tibio

Escribe las palabras debajo del diptongo que tengan.

io	ia	ua
_____	_____	_____
- - - - - - -	- - - - - - -	- - - - - - -
_____	_____	_____
_____	_____	_____
- - - - - - -	- - - - - - -	- - - - - - -
_____	_____	_____
_____	_____	_____
- - - - - - -	- - - - - - -	- - - - - - -
_____	_____	_____
_____	_____	_____
- - - - - - -	- - - - - - -	- - - - - - -
_____	_____	_____
_____	_____	_____
- - - - - - -	- - - - - - -	- - - - - - -

Para el hogar Pida a su niño o niña que escriba una lista de otras palabras
que tengan los diptongos *ia, io* y *ua* y que use una en una oración.

Práctica

Ortografía:
Palabras con diptongos
ia, *io*, *ua*

Nombre _____

Encuentra las palabras de ortografía en la sopa de letras. Encierra cada palabra en un círculo.

d	i	o	v	q	p	c	j	z	y
k	i	m	d	x	y	l	s	p	e
f	v	j	u	r	e	b	k	i	h
j	s	v	m	f	f	r	n	a	t
x	l	s	m	p	i	a	i	n	a
u	i	i	z	q	u	f	o	o	j
f	q	t	j	c	o	a	r	x	u
n	c	i	v	i	a	j	e	i	a
y	x	o	g	b	z	q	a	s	n
b	i	b	l	i	o	t	e	c	a

Escribe las palabras.

1. _____

2. _____

3. _____

4. _____

5. _____

6. _____

Para el hogar Pida a su niño o niña que recorte palabras que tengan los diptongos *ia, io* y *ua*.

© Macmillan/McGraw-Hill

Nombre _____

> **medio** la mitad entre dos puntos: Me paré en medio de
> la fila.
>
> **rabia** enojo grande: Cometer un error me da rabia.
>
> **genio** persona dotada: Mi abuelo es un genio.

Usa una palabra del recuadro para completar cada oración. Puedes usar una palabra más de una vez.

_____

_ _ _ _ _ _ _ _ _ _ _ _ _ _ _ _ _ _ _

I. Juana estaba en la cola, en _____
de Sara y Dani.

_____

_ _ _ _ _ _ _ _ _ _ _ _ _ _ _ _ _ _ _

2. Mi amigo es un _____ para las
matemáticas.

_____

_ _ _ _ _ _ _ _ _ _ _ _ _ _ _ _ _ _ _

3. Me da _____ cuando mi mamá no me
deja salir.

_____

_ _ _ _ _ _ _ _ _ _ _ _ _ _ _

4. Josefina vive en una casa retirada en
de la nada.

© Macmillan/McGraw-Hill

Para el hogar Mientras leen juntos, encuentren dos palabras que su niño o niña no conozca. Trabajen juntos para encontrar los significados de estas palabras en el diccionario.

Nombre _____

Presta atención a las palabras del cuento que se repiten mientras lees.

	Mina era de la Tierra pero tenía una
8	amiga que vivía en Urano y
14	se llamaba Uma.
17	"¿Qué será esto del reciclaje?", se
23	preguntó Mina. Así que llamó a Uma
30	por teléfono.
32	—¿Qué es el reciclaje? —le preguntó.
38	—Es cuando se reutiliza
42	algo —le contestó Uma.
46	—¿Algo como papel? —le preguntó Mina
52	a Uma.
54	—¡Sí, algo así! —le contestó Uma. 60

Comprobar la comprensión

1. ¿Por qué llama Mina a Uma por teléfono?

2. ¿Cómo le ayuda Uma a Mina?

	Palabras leídas	–	Cantidad de errores	=	Puntaje de palabras
Primera lectura		–		=	
Segunda lectura		–		=	

© Macmillan/McGraw-Hill

Para el hogar Pida a su niño o niña que lea el pasaje y que preste atención al objetivo en la parte superior de la página.

Reciclemos • **Grado 1/Unidad 5** **243**

Nombre _____

Lee las oraciones. Encierra los adjetivos en un círculo.

1. Veo un caballo grande.

2. Mi perro tiene una cola larga.

3. Vito usa una carpeta roja.

4. Mariana está cerca de un lago pequeño.

Vuelve a escribir la oración. Agrega un adjetivo para decir más sobre los sustantivos subrayados.

1. La niña dibujó una flor.

_____

- - - - - - - - - - - - - - - - - - - -

_____

- - - - - - - - - - - - - - - - - - - -

_____

Para el hogar Pida a su niño o niña que escriba una oración acerca de un familiar o amigo que describa su personalidad y apariencia física.

Nombre _____

Un **plano** es un dibujo que muestra dónde se encuentran las cosas dentro de un cuarto.

Usa el plano para completar cada oración.

puerta   Cuarto de reciclaje

| escritorio | periódicos |
| latas | plástico | vidrio |

_____

1. El bote de latas está al lado del de pl _____ .

2. Si no sabes en qué bote poner una cosa, pregunta en

_____

el es _____ de ayuda.

3. Mete las [botellas] en el bote de vi _____ .

4. Estos [periódicos] van en el bote de pe _____ .

5. El bote más chico es el de la _____ .

 Para el hogar Pida a su niño o niña que dibuje un plano de su cuarto.
Ayude a su niño o niña a rotular el plano.

Reciclemos • **Grado I/Unidad 5**   **245**

Nombre _____

| huevo   Luisa   diente   chimenea   tía   veo   lee |

Lee las palabras del recuadro. Suma las sílabas y escribe la palabra en la línea.

_____

1. hue + vo

_____

2. Lui + sa

_____

3. dien + te

_____

4. chi + me + nea

_____

5. tí + a

_____

6. ve + o

_____

7. le + e

Escribe una oración con una de las palabras.

_____

_____

Para el hogar Anime a su niño o niña a decir y escribir oraciones con estas palabras.

Práctica

Ortografía:
Palabras con diptongos
ue, ui, ie

Nombre _____

| respuesta | hierba | bueno | muelle | cielo | cuidado |

Encierra en un círculo las palabras de ortografía de cada fila.

1. respeusta   respueta   respuesta

2. heirba   hierna   hierba

3. bouno   bueno   beuno

4. mielle   muelle   meulle

5. cialo   ceilo   cielo

6. cuidado   ciudado   candado

Escribe las palabras de ortografía.

1. _____

2. _____

3. _____

4. _____

5. _____

6. _____

Para el hogar Pida a su niño o niña que escriba cinco oraciones
divertidas usando las palabras de ortografía.

Éste es Ben Franklin   **247**
Grado 1/Unidad 5

© Macmillan/McGraw-Hill

Nombre _____

| observar | idea | detrás | curioso | respuesta |

Usa las palabras del recuadro para completar las oraciones.

1. Tengo una buena _____.

2. Es bueno ser _____.

3. Mi perro está _____ de la casa.

4. Mi mamá tiene la _____.

5. Me gusta _____ el cielo.

Para el hogar Pida a su niño o niña que escriba las palabras del recuadro tres veces.

© Macmillan/McGraw-Hill

Nombre _____

Mientras lees <u>Éste es Ben Franklin</u>, completa la tabla de inferencias.

Lo que leí	Lo que sé

Inferencia

¿Cómo te ayuda la tabla de inferencias a comprender mejor <u>Éste es Ben Franklin</u>?

Para el hogar Pida a su niño o niña que use la tabla para volver a
contar el cuento.

Éste es Ben Franklin   **249**
Grado I/Unidad 5

© Macmillan/McGraw-Hill

Nombre _____

Lee el cuento. Elige una respuesta para completar cada oración.

Juanita le pone un yeso al gato. Luego mira al perro de un caballero. El perrito tiene un diente inflamado.

—Debe cepillar su perro —le dice al caballero.

Ella se asegura de que cada animal en la clínica se sane.

1. Juanita _____.

○ está en un laboratorio

○ es veterinaria

○ va a salir

2. ¿Por qué Juanita le pone un yeso al gato?

○ El gato puede bailar.

○ El gato está curioso.

○ El gato se ha roto un hueso.

3. Juanita le pide al caballero que cepille los dientes de su perro para que _____.

○ el perro esté sano

○ Juana pueda comer

○ el perro pueda correr rápido

 Para el hogar Pida a su niño o niña que le explique cómo ha averiguado la respuesta a cada pregunta.

Nombre _____

El **sustantivo** y el **adjetivo** deben concordar en género y número.

Ejemplo: El ni<u>ño</u> es alt<u>o</u>. / Los ni<u>ños</u> son alt<u>os</u>.

La ni<u>ña</u> es alt<u>a</u>. / Las ni<u>ñas</u> son alt<u>as</u>.

Traza una línea que conecte cada sustantivo con el adjetivo correspondiente.

I. la rosa   curiosos

2. el cuchillo   rocosa

3. las señoras   filoso

4. la montaña   roja

5. los gatos   amables

Para el hogar Pida a su niño o niña que forme oraciones con adjetivos como los de arriba.

Éste es Ben Franklin **251**
Grado I/Unidad 5

© Macmillan/McGraw-Hill

Práctica

Ortografía:
Palabras con diptongos
ue, *ui*, *ie*

respuesta   hierba   bueno   muelle   cielo   cuidado

Clasifica las palabras del recuadro de acuerdo al diptongo.

ui	ue	ie
_____	_____	_____
_____	_____	_____
_____	_____	_____
_____	_____	_____
_____	_____	_____

Escribe y clasifica otras palabras con diptongo.

_____	_____	_____
_____	_____	_____

Para el hogar Pida a su niño o niña que diga las palabras que escribió en voz alta.

Nombre _____

El **hiato** es lo contrario del diptongo. Se forma cuando dos vocales están seguidas en un palabra y se pronuncian en sílabas separadas. Hay hiato en dos vocales fuertes seguidas (Ej. *ea* **tea**tro) y en una vocal fuerte más una débil con tilde (Ej. *oí* **oí**do).

| mareo | tío | maúlla | teatro | día | línea |

Lee las palabras del recuadro. En las oraciones encuentra la palabra mal escrita. Escríbela correctamente.

1. Mi tio se llama Tito.   _____

2. A mí me gusta mucho el tiatro.   _____

3. Mi gato maulla todas las noches.   _____

4. La luna sale de noche y el sol sale de día. _____

5. Me mareu en los pisos altos.   _____

6. Yo escribo la respuesta en la línia.   _____

 Para el hogar Pida a su niño o niña que escriba las palabras de ortografía. Anímelo a hacer oraciones.

Éste es Ben Franklin **253**
Grado I/Unidad 5

© Macmillan/McGraw-Hill

Nombre _____

Los verbos tienen partes. Partes como **-ar** aparecen en verbos en infinitivo.

Escribe -ar para completar la palabra.

1. jug_____

2. viaj_____

3. naveg_____

4. cepill_____

© Macmillan/McGraw-Hill

Para el hogar Pida a su niño o niña que haga un dibujo de una de las palabras de arriba.

Nombre _____

Presta atención a la entonación de los signos de exclamación mientras lees.

	—¡Mira el capullo! —le dije a Ana.
7	—¿Eso será uno? —me preguntó Ana.
13	—No —le dije—. Un capullo es de
20	color café.
22	Se cayó una hoja encima de Ana.
29	—¡Mira Zuli! —dijo Ana—. ¿Será éste
35	un capullo?
37	—No —le dije—. Un capullo no es plano.
45	Ana le preguntó a una señora que si tenía
54	un capullo por allí.
58	—¡Claro que sí! —le dijo.
63	—¡Aquí está! —dijo Ana.
67	—Ése no es —le dije—. Un capullo es duro y
77	pequeño. 78

Comprobar la comprensión

I. ¿Qué tipo de cosa quieren ver Ana y Zuli?

2. ¿Es el capullo plano y de color café?

	Palabras leídas	–	Cantidad de errores	=	Puntaje de palabras
Primera lectura		–		=	
Segunda lectura		–		=	

Para el hogar Pida a su niño o niña que lea el pasaje.

Nombre _____

Busca los adjetivos que concuerden. Escribe una C al lado de las oraciones correctas.

Escribe una X para las oraciones que tengan adjetivos que no concuerden.

1. Luisito se puso una camisa rayadas. _____

2. Bere tiene el pelo rubia. _____

3. Chato tiene el cabello oscuro. _____

4. Chato es un chico alto. _____

5. Bere es una niña bajitas. _____

Para el hogar Pida a su niño o niña que le explique cómo corregir las oraciones que marcó con una X.

© Macmillan/McGraw-Hill

Nombre _____

Las **letras resaltadas** señalan palabras importantes.

Lee el cuento. Contesta las preguntas.

Un **buitre** volaba en el aire. Todo el día se puso a **observar** lo que pasaba abajo. Pasaba mucho tiempo en el aire. Vio un conejo en la **hierba**. El buitre bajó a observar al **conejo**.

1. ¿Qué es un buitre?

_____

----

2. ¿Qué será **observar**?

_____

----

3. ¿Qué pasa en la hierba?

_____

Para el hogar Revise un libro de texto junto con su niño o niña para encontrar las palabras en letra resaltada. Pregúntele por qué están las palabras en letra resaltada.

Éste es Ben Franklin **257**
Grado I/Unidad 5

Nombre _____

traza	atleta	trigo	drena

Escribe la palabra para completar la oración.

1. Se usa el _____ para hacer la comida.

2. _____ un dibujo de una rosa.

3. El agua se _____ por el fregadero.

4. ¡Mimo es un gran _____!

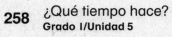

Para el hogar Pida a su niño o niña a escribir oraciones usando las palabras de arriba.

© Macmillan/McGraw-Hill

Nombre_____

| trueno | atleta | atlas | triste | cuadro | letra |

Mira el recuadro. Encierra en un círculo las palabras del recuadro.

1. mamá   comida   triste

2. rosa   peluche   trueno

3. trozo   atlas   taza

4. atleta   Mimi   puma

5. cuadro   rama   palo

6. cama   risa   letra

© Macmillan/McGraw-Hill

Para el hogar Pida a su niño o niña que mire las palabras que
encerró en círculos. Pídale que las escriba.

¿Qué tiempo hace? **259**
Grado I/Unidad 5

Nombre _____

| cálido | sonido | mantenerse |
| estupendo | intenso | predecir |

Usa las palabras del recuadro para completar las oraciones.

_____

- - - - - - - - - - - - - - - - - -

1. Anoche escuché un so _____
   muy ruidoso.   _____

                                   - - - - - - - - - - - - - - - - - -

2. Mi mamá me dio un abrazo muy cá _____ .

   _____

   - - - - - - - - - - - - - - - - - -

3. ¿Puedes pre _____ el futuro?

   _____

   - - - - - - - - - - - - - - - - - -

4. ¡Esto me parece estu _____ !

   _____

   - - - - - - - - - - - - - - - - - -

5. Esa rosa es de un rojo muy int _____ y
   huele bien también.

   _____

   - - - - - - - - - - - - - - - - - -

6. El pajarito luchaba por ma _____ en
   el aire.

© Macmillan/McGraw-Hill

Para el hogar Pida a su niño o niña que escriba las palabras de la
caja y su significado.

Nombre _____

Mientras lees *¿Qué tiempo hace?*, completa el diagrama de comparar y contrastar.

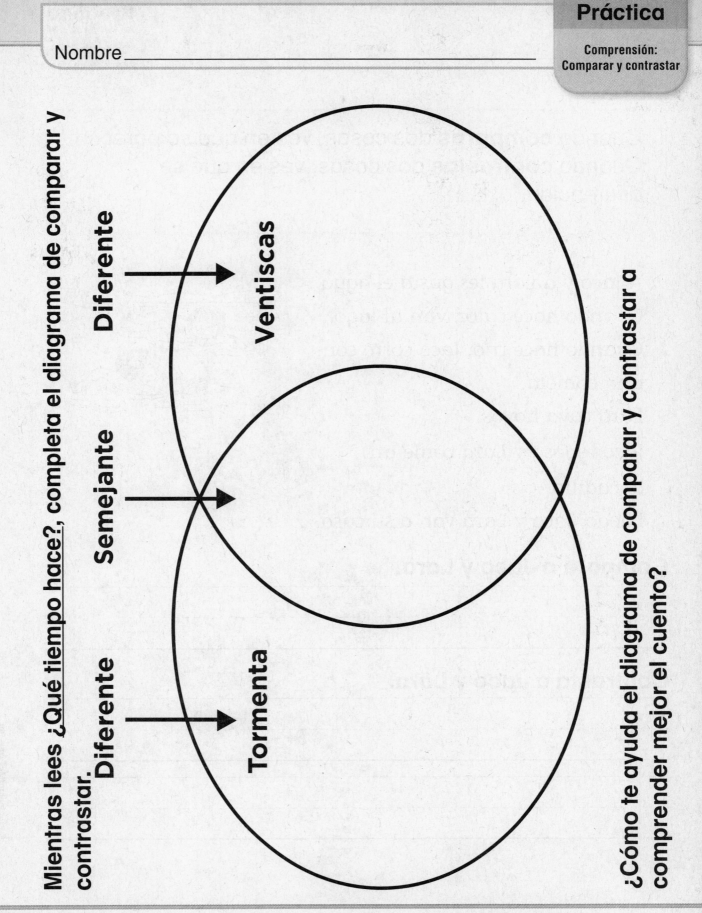

Diferente → **Ventiscas**

Semejante →

Diferente → **Tormenta**

¿Cómo te ayuda el diagrama de comparar y contrastar a comprender mejor el cuento?

Para el hogar Pida a su niño o niña que use el diagrama de comparar y contrastar para volver a contar el cuento.

¿Qué tiempo hace?   **261**
Grado 1/Unidad 5

Nombre_____

Cuando **comparas** dos cosas, ves en qué se parecen.
Cuando **contrastas** dos cosas, ves en qué se diferencian.

A Jaco y a Lara les gusta el agua.
Cuando hace calor, van al lago.
Cuando hace frío, Jaco corre con una cometa.
Lara cava hoyos.
Jaco reposa y Lara come un bocadillo.
Luego, Jaco y Lara van a su casa.

Compara a Jaco y Lara.

_____

_____

Contrasta a Jaco y Lara.

_____

_____

_____

Para el hogar Pida a su niño o niña que describa a dos amigos. Pida a su niño o niña que le diga en qué se parecen y en qué se diferencian.

Nombre _____

> Los adjetivos **cardinales** describen la cantidad exacta.
>
> Ejemplo: uno, tres, veinte.
>
> Los adjetivos **ordinales** describen el orden.
> Ejemplo: primero, segundo, tercero.

Encuentra el adjetivo cardinal u ordinal de cada oración. Escríbelo en la línea. (Pista: una de las oraciones tiene <u>dos</u> adjetivos numerales).

_____

_ _ _ _ _ _ _ _ _ _ _ _ _ _

I. Fui el primer niño en salir de la escuela. _____

_____

_ _ _ _ _ _ _ _ _ _ _ _ _ _

2. Terminé la carrera en quinto lugar. _____

_____

_ _ _ _ _ _ _ _ _ _ _ _ _ _

3. Tengo un amigo que tiene tres gatos. _____

_____

_ _ _ _ _ _ _ _ _ _ _ _ _ _

4. El perro dio cinco vueltas y luego se paró. _____

© Macmillan/McGraw-Hill

 Para el hogar Pida a su niño o niña que busque en una revista todos los adjetivos cardinales u ordinales que pueda.

¿Qué tiempo hace? **263**
Grado I/Unidad 5

Nombre _____

> Las palabras de una familia de palabras están relacionadas.
>
> Ejemplo: triste / tristeza

Encierra en un círculo las palabras que no pertenecen a las siguientes familias de palabras.

I. atleta   atlético   muro

2. carta   trompetero   trompetista

3. drena   drenado   coche

4. triste   freno   tristeza

Haz un dibujo para cada familia de palabras.

I.	2.	3.	4.

Para el hogar Pida a su niño o niña que escriba una lista de las palabras que podrían reemplazar las palabras equivocadas de arriba.

© Macmillan/McGraw-Hill

Nombre _____

Lee las oraciones. Encuentra las palabras de ortografía que no estén bien escritas. Escribe las palabras correctamente en las líneas.

_____

I. Mi amigo Gari es un aletta.　　at _____

2. Anoche escuché un treuno.　　tr _____

3. Un alats es un tipo de mapa.　　at _____

4. ¿Por qué esa cara tirste?　　tr _____

5. Me gusta el caudro.　　cu _____

6. La lerta *M* es muy bonita.　　le _____

Para el hogar Pida a su niño o niña que escriba las palabras
de ortografía y que las lea.

¿Qué tiempo hace? **265**
Grado I/Unidad 5

Nombre _____

Las palabras que tienen el mismo o casi el mismo significado son **sinónimos**. Puedes usar un **diccionario** o un **tesauro** para encontrar sinónimos.

Ejemplo: **trueno** ruido producido en las nubes: Escucho un **trueno** afuera.

Sinónimos: ruido, retumbo, sonido

Encierra en un círculo los dos sinónimos que podrían completar la oración.

1. Voy a usar un _____ para que sepa dónde estamos.

atlas   atleta   mapa

2. Parece que Lola está _____.

feliz   triste   apenada

3. Chato es fuerte y _____.

atlético   deportista   flojo

Para el hogar Pida a su niño o niña que piense en dos sinónimos para la palabra *chistoso* y que escriba una oración usando la palabra *chistoso*.

© Macmillan/McGraw-Hill

Nombre _____

Presta atención a las pausas de puntuación mientras lees.

	Un día, Juanito y Juanita van al mar.
8	—No me puedo mantener cómoda en
14	este clima —le dice Juanita a Juanito—.
21	¡Casi me derrito!
24	—Yo voy a predecir algo —le dice Juanito
32	a Juanita—. ¡Muy pronto lloverá!
37	—¡No puede ser! —dice Juanita—. ¡Estás
43	equivocado! ¡No lloverá!
46	Ahí es cuando empieza la lluvia y se escucha un
56	trueno.
57	—¡Qué trueno tan intenso! —dice Juanito.
63	—¡Ya no me derrito pero estoy mojada! —dice
71	Juanita. 72

Comprobar la comprensión

1. ¿Adónde van Juanito y Juanita?

2. ¿Por qué está mojada Juanita?

	Palabras leídas	–	Cantidad de errores	=	Puntaje de palabras
Primera lectura		–		=	
Segunda lectura		–		=	

Para el hogar Pida a su niño o niña que lea el pasaje y que le preste atención al objetivo en la parte superior de la página.

Nombre _____

Encierra en un círculo los adjetivos cardinales y ordinales.

I. Mañana será mi primer día en la escuela.

2. Tani es la tercera de cinco en su familia.

3. Rolo tiene dos perros bien educados.

4. Olga tiene tres gatos.

5. Sara terminó la carrera en cuarto lugar.

Haz un dibujo de una de las oraciones.

Para el hogar Pida a su niño o niña que lea las oraciones en voz alta.

Nombre_____

Un **diccionario** da el significado de las palabras.

Ejemplo: **estupendo(a)** increíble

intenso(a) fuerte

predecir revelar algo que pasará

Escribe una palabra de arriba para completar cada oración.

_____

_____

I. Un adivino puede _____ el futuro.

_____

_____

2. ¡Qué _____ que Lolita va a salir a jugar conmigo!

_____

_____

3. ¡Ese paseo en la montaña rusa fue _____!

REPASO: Partes de un libro

Observa algún libro que tengas a tu alcance. Señala la cubierta, el título, el autor y el índice. Explica qué información puedes encontrar en la cubierta y para qué sirve el índice.

Para el hogar Junto con su niño o niña, busque estas palabras en el diccionario. Lean los significados y las oraciones de ejemplo.

Práctica

Fonética:
Sílabas cerradas con
l y *n*

Nombre _____

| pedal | sol | jabón | ratón | canto | avión |

Lee las palabras. Usa las palabras del recuadro para completar las oraciones.

1. Hoy hace mucho _____.

2. El _____ derecho de mi bicicleta está roto.

3. El _____ pasa muy alto en el cielo.

4. Siempre me baño con _____.

5. El _____ no deja que lo atrape el gato.

6. Yo _____ con la gente de mi coro.

Para el hogar Pida a su niño o niña que escriba una oración para cada una de las siguientes palabras: *mal, imán, sal* y *canguro*.

Nombre _____

Práctica

Ortografía:
Sílabas cerradas con
l y *n*

| príncipe | gigante | mundo | falso | ganso | cinta |

Encierra en un círculo las palabras de ortografía.

trazo	príncipe	espacial
laberinto	lodo	mundo
labio	falso	pradera
gigante	anda	nadar
cita	cinta	puma
lobo	cama	ganso

 Para el hogar Pida a su niño o niña que haga una lista de cosas que tengan la sílaba cerrada *l* o *n*.

| universo | estrella | enorme | Sol | Luna |

Usa las palabras para completar las oraciones.

_____
- - - - - - - - - - - - - - - - -

1. No sé cómo haya llegado a existir el _____.

_____
- - - - - - - - - - - - - - - -

2. La _____ gira alrededor de la Tierra.

_____
- - - - - - - - - - - - - - -

3. ¡Qué _____ es el Sol!

_____
- - - - - - - - - - - - - - -

4. La _____ brilla de noche.

_____
- - - - - - - - - - - - - - -

5. El _____ es una estrella cercana.

Para el hogar Pida a su niño o niña que escriba sobre el cielo de día y de noche usando algunas de las palabras de arriba.

Nombre _____

Mientras lees <u>Yo, Astronauta</u>, completa el diagrama de orden de los sucesos.

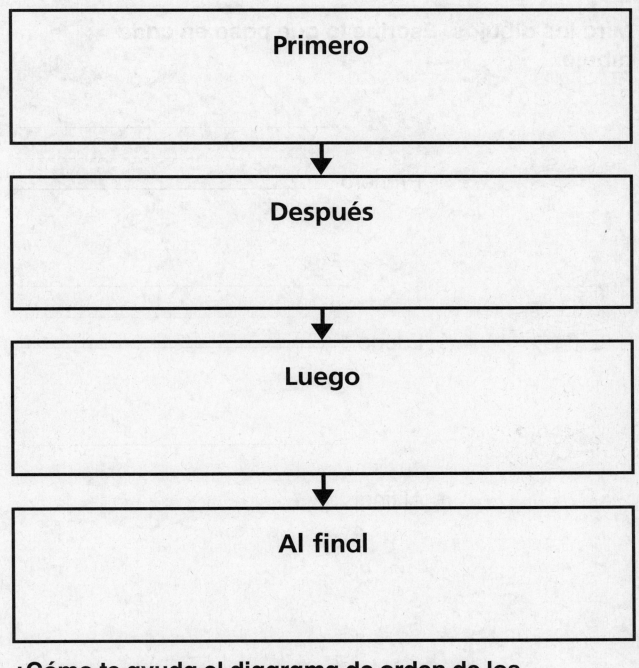

Primero

Después

Luego

Al final

¿Cómo te ayuda el diagrama de orden de los sucesos a visualizar lo que pasa en <u>Yo, Astronauta</u>?

Para el hogar Pida a su niño o niña que le cuente lo que pasó en el cuento usando las palabras *primero, después, luego* y *al final*. Después pídale que haga una lista de dos sucesos consecutivos.

Yo, Astronauta • Grado I/Unidad 5   **273**

© Macmillan/McGraw-Hill

Nombre _____

El **orden de los sucesos** dice lo que pasa primero, después y al final de un cuento.

Mira los dibujos. Escribe lo que pasa en cada dibujo.

_____

- - - - - - - - - - - - - - - - - - -

Primero _____.

_____

- - - - - - - - - - - - - - - - - - -

Luego _____.

_____

- - - - - - - - - - - - - - - - - - -

Al final _____.

 Para el hogar Pida a su niño o niña que haga dibujos y que escriba oraciones acerca del los dibujos.

Nombre _____

Los **sinónimos** son palabras que quieren decir lo mismo.
Los **antónimos** son palabras que significan lo opuesto.

Ejemplos: Un sinónimo de *bueno* es *amable*.
                    Un antónimo de *bueno* es *malo*.

Encierra en un círculo los <u>sinónimos</u> de las siguientes palabras.

1. falso   (correcto/incorrecto)

2. bonito   (bello/feo)

3. viejo   (antiguo/nuevo)

4. niña   (chica/chico)

Encierra en un círculo los <u>antónimos</u> de las siguientes palabras.

5. gigante   (pequeño/grande)

6. arriba   (antes/abajo)

7. contento   (feliz/triste)

8. frío   (caliente/amarillo)

© Macmillan/McGraw-Hill

Para el hogar Pida a su niño o niña que piense en algunos ejemplos
de sinónimos y antónimos y que escriba una lista de ellos.

Práctica

Ortografía:
Sílabas cerradas con
l y *n*

Nombre _____

| princesa | gigante | mundo | falso | cinta |

Escribe la palabra del recuadro que rime con la palabra escrita.

mesa _____

abundante _____

tinta _____

profundo _____

descalzo _____

Para el hogar Anime a su niño o niña a generar palabras
que riman con *día*, como *tía, mía,* etc. Después pídale que
escriba oraciones con ellas.

Práctica

Ortografía:
Sílabas cerradas con
l y *n*

Nombre _____

| príncipe | gigante | mundo | falso | ganso | cinta |

Encierra en un círculo la palabra de ortografía.
Escribe la palabra en la línea.

_____

1. presa   prenda   príncipe   _____

2. mundo   mudo   muda   _____

3. galleta   gigante   grande   _____

4. foca   falso   finca   _____

5. rana   ganso   silla   _____

6. mesa   boli   cinta   _____

Para el hogar Pida a su niño o niña que deletree las palabras
en voz alta.

© Macmillan/McGraw-Hill

Nombre _____

Muchas palabras se forman de otras palabras.

Ejemplo: La palabra *mundial* se forma de la palabra *mundo*.

Mira las palabras. Encierra en un círculo la palabra raíz.

I. mira   mirada   mirador

2. gigantísimo   gigante   gigantesco

3. mundial   mundo   mundialmente

4. verdadero   verdadera   verdad

© Macmillan/McGraw-Hill

Para el hogar Pida a su niño o niña que piense en otra palabra raíz.

Nombre _____

Mientras lees, presta atención al contenido.

	¿Qué es el universo?
4	El universo es tan enorme que nadie
11	sabe su tamaño preciso. El universo
17	es tan enorme que sólo hay uno.
24	Se supone que es infinito.
29	Nuestro planeta se llama Tierra.
34	La estrella que ilumina la Tierra
40	se llama el Sol. No habría vida en
48	la Tierra si no fuera por el Sol. El
57	Sol brilla y le da energía a la Tierra.
66	La Tierra tiene un satélite natural que
73	se llama la Luna. No hay vida en la
82	Luna. La Luna se puede ver de noche. 90

Comprobar la comprensión

1. ¿De qué tamaño es el universo?

2. ¿Qué hace el Sol?

	Palabras leídas	−	Cantidad de errores	=	Puntaje de palabras
Primera lectura		−		=	
Segunda lectura		−		=	

© Macmillan/McGraw-Hill

Para el hogar Pida a su niño o niña que lea el pasaje y que preste atención al objetivo en la parte superior de la página.

Práctica

Gramática:
La coma y la conjunción
y para enumerar

Escribe la lista usando comas y la palabra *y*.

1. amarillo
azul
negro

- -

_____

2. cuadernos
libros
lápices

- -

_____

3. mesa
silla
cama

- -

_____

4. nuevo
bello
bonito

- -

_____

© Macmillan/McGraw-Hill

Para el hogar Pida a su niño o niña que haga una lista de los juguetes que tiene.

Nombre _____

Los poetas suelen usar palabras de forma divertida.
Los sonidos de las palabras los pueden ayudar a expresar
su significado.

**Lee el poema. Escribe las palabras de sonidos de
cada verso en las líneas.**

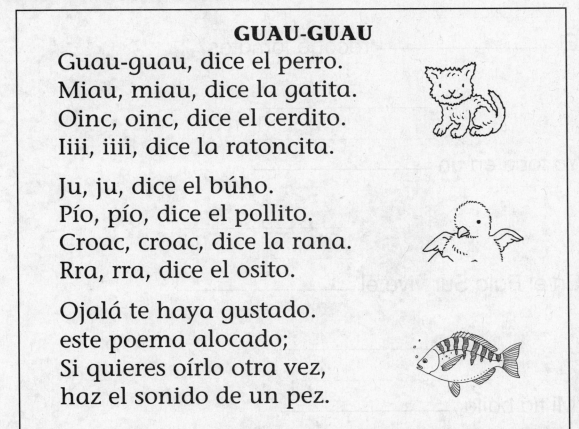

GUAU-GUAU

Guau-guau, dice el perro.
Miau, miau, dice la gatita.
Oinc, oinc, dice el cerdito.
Iiii, iiii, dice la ratoncita.

Ju, ju, dice el búho.
Pío, pío, dice el pollito.
Croac, croac, dice la rana.
Rra, rra, dice el osito.

Ojalá te haya gustado.
este poema alocado;
Si quieres oírlo otra vez,
haz el sonido de un pez.

_____

- -

_____

- -

_____

Para el hogar Lea el poema en voz alta. Anime a su niño o niña a
pensar en otras palabras divertidas para el final del primer verso.

Yo, Astronauta • Grado I/Unidad 5 **281**

© Macmillan/McGraw-Hill

Nombre _____

| campesino | combo | rumba | tambor | pingüino |

Lee las palabras. Usa las palabras para completar las oraciones.

_____
- - - - - - - - - - - - - -

I. El _____ recoge tomates.

_____
- - - - - - - - - - - - - -

2. Yo toco en un _____.

_____
- - - - - - - - - - - - - -

3. En el Polo Sur vive el _____.

_____
- - - - - - - - - - - - - -

4. Mi tía baila _____.

_____
- - - - - - - - - - - - - -

5. Me gusta el sonido del _____.

Para el hogar Pida a su niño o niña que escriba una lista de palabras con *mp* y *mb*. Anímelo a encontrar palabras con diéresis en revistas (*güe*, *güi*).

Nombre _____

Dobla el papel en la línea de puntos. Usa los espacios para escribir cada palabra que escuchas. Usa la lista para corregir cualquier error.

1. _____   **1.** bambú

2. _____   **2.** cigüeña

3. _____   **3.** simpáticos

4. _____   **4.** cumple

5. _____   **5.** zumbido

6. _____   **6.** campo

Para el hogar Pida a su niño o niña que escriba una oración usando cada palabra de ortografía.

Nombre _____

| fueron | frente | nueve | compraron | asustar |

Usa las palabras para completar las oraciones.

_____

- -

1. Mis papás me _____ una bicicleta nueva.

_____

- -

2. ¡La pelota casi me pegó en la _____!

_____

- -

3. Esa película me va a _____.

_____

- -

4. Todos _____ al baile juntos.

_____

- -

5. ¿Tienes _____ años?

Para el hogar Pida a su niño o niña que escriba una oración con una de las palabras de uso frecuente.

© Macmillan/McGraw-Hill

Nombre _____

Mientras lees <u>Perro y Gato</u>, completa la tabla de comparar y contrastar.

Comparar y contrastar	
Cómo es Perro	**Cómo es Gato**

¿Cómo te ayuda la tabla comparar y contrastar a comprender mejor <u>Perro y Gato</u>?

Para el hogar Pida a su niño o niña que use la tabla para volver a contar el cuento.

Cuando **comparas**, dices en qué se parecen las cosas.

Cuando **contrastas**, dices en qué se diferencian.

Perro y Gato son regalos para los gemelos.

Perro es para el niño

Gato es para la niña.

Perro y Gato son animales.

Se tratan de asustar uno al otro.

Perro y Gato se molestan.

Sus ojos brillan en la oscuridad.

Están asustados.

Compara a Perro y Gato.

I. _____

Contrasta a Perro y Gato.

I. _____

© Macmillan/McGraw-Hill

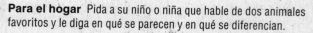

Para el hogar Pida a su niño o niña que hable de dos animales favoritos y le diga en qué se parecen y en qué se diferencian.

Nombre _____

Las **interjecciones** son palabras que expresan una emoción o estado de ánimo.
Se escribe entre signos de exclamación.

Ejemplo: ¡Ah!

Encierra las interjecciones en un círculo.

1. ¡Oh!   ¿Cómo estás?   Estoy triste.

2. Somos amigos.   ¡Ay de mí!   ¿Dónde está Lara?

3. No sé.   ¡Vamos al cine!   ¡Huy!

4. ¡Vaya!   ¿Cómo te llamas?   ¡Mamá!

5. ¡Vamos!   ¡Caramba!   ¡Estoy enojada!

Para el hogar Pida a su niño o niña que haga una lista de interjecciones.

© Macmillan/McGraw-Hill

Nombre _____

• Antes de **p** y **b** siempre va *m*.
 Ejemplo: *combinar* tiene **mb**; *convivir* no
  comprar tiene **mp**; *comer* no
• Para que suene la *u* en las sílabas *güe* y *güi*, se
 le ponen dos puntitos o diéresis a la *ü*.

Encierra en un círculo las palabras que estén escritas correctamente.

1. banbú   bambú   cara

2. cigueña   sigüena   cigüena

3. simpáticos   simbaticos   simpáticos

4. cumple   cunple   cumpel

5. sumbido   zumbido   zunbido

6. cámpo   canpo   campo

7. pimgüino   pingüino   penguino

Para el hogar Pida a su niño o niña que busque otros ejemplos de
palabras con *mp* y *mb* en una revista.

© Macmillan/McGraw-Hill

Nombre _____

Escribe correctamente las palabras en las líneas.

1. bampú _____

2. siguena _____

3. simbaticos _____

4. cumpre _____

5. sunbido _____

6. canpo _____

7. aguita _____

Encierra en un círculo la palabra correcta. Escríbela en la línea.

_____

8. canvio   camvio   cambio

_____

9. comprendo conpremdo coprendo _____

Para el hogar Pida a su niño o niña que escriba dos oraciones con las palabras de ortografía.

Perro y Gato • **Grado I/Unidad 5** **289**

Nombre _____

Las **pistas de contexto** son palabras de la oración que te ayudan a descubrir el significado de una palabra nueva. Se puede encontrar las pistas de contexto dentro de la misma oración o en oraciones cercanas.

Usa las pistas de contexto para descubrir el significado de la palabra subrayada. Rellena el círculo correcto.

I. El hombre <u>muestra</u> la fruta. Coloca la sandía en el estante.

○ tira

○ presenta o enseña

2. A Enrique le gusta salir. Le <u>encanta</u> ir a comprar fruta con su mamá.

○ le gusta mucho

○ no le gusta para nada

Para el hogar Juegue con su niño o niña a generar pistas para adivinar palabras.

Nombre _____

Presta atención a las pausas de puntuación mientras lees.

	Al perro bebé le dicen cachorro. El gato
8	bebé le dicen gatito.
12	El año pasado la mamá de Gari
19	le compró un gatito.
23	El año pasado la mamá de Gari
30	le había comprado a su gemela
36	Sandra un perrito.
49	El gatito se llevaba bien
44	con el perrito. El perrito jugaba
50	con el gatito. El gatito jugaba con
57	el perrito. Gari no llevaba a su
64	gato de paseo pero Sandra sí
70	llevaba a su perro de paseo.
76	¡Qué bien se llevaban! 80

Comprobar la comprensión

1. ¿Cómo se llama el perro bebé?

2. ¿Qué hacían el gatito y el perrito?

	Palabras leídas	–	Cantidad de errores	=	Puntaje de palabras
Primera lectura		–		=	
Segunda lectura		–		=	

Para el hogar Pida a su niño o niña que lea el pasaje y que preste atención al objetivo en la parte superior de la página.

Nombre _____

Las siguientes palabras son interjecciones. Escríbelas correctamente usando los signos de exclamación.

1. caramba _____

2. oh _____

3. vaya _____

4. ah _____

5. rayos _____

6. huy _____

© Macmillan/McGraw-Hill

 Para el hogar Pida a su niño o niña que escriba dos o tres oraciones usando las interjecciones de arriba.

Nombre _____

Escribe las palabras del recuadro en la lista correcta.

| oso | pájaro | espacio | cachorro | Tierra |

Animal

_____

o_____

_____

c_____

_____

p_____

Lugar

_ _ _ _ _ _ _ _ _ _

e_____

_ _ _ _ _ _ _ _ _ _

T_____

Escribe dos oraciones con las palabras.

_____

_ _ _ _ _ _ _ _ _ _ _ _ _ _ _ _ _ _ _ _

_____

_ _ _ _ _ _ _ _ _ _ _ _ _ _ _ _ _ _ _ _

_____

© Macmillan/McGraw-Hill

 Para el hogar Pida a su niño o niña que haga una lista de
objetos en su casa.

Perro y Gato • Grado I/Unidad 5   **293**

Práctica

Fonética:
Sílabas cerradas con
s y *r*

Nombre _____

| flor | vestido | astas | tenedor |

Usa las palabras del recuadro para nombrar cada dibujo.

1. _____

2. _____

3. _____

4. _____

Para el hogar Pida a su niño o niña que escriba una oración usando una de las palabras.

Práctica

Ortografía:
Sílabas cerradas con
s y *r*

Nombre _____

Mira cada juego de palabras. Una palabra de cada juego está escrita correctamente. Usa un lápiz para rellenar el círculo al lado de esa palabra.

I. ○ dormir
○ dolmil
○ dorrmir

4. ○ folmas
○ formas
○ forrmas

2. ○ caltaste
○ cartaste
○ cantaste

5. ○ bostezo
○ bosstezo
○ botezo

3. ○ queremos
○ querremos
○ quelemos

6. ○ sesta
○ cexta
○ cesta

Para el hogar Pida a su niño o niña que escriba una oración usando
una de las palabras de arriba.

| buena | importante | bastante | convencer | directo |

Usa las palabras del recuadro para completar las oraciones.

_____
- - - - - - - - - - - - - - - - - - - -

1. Es muy _____ saber leer y escribir bien.

_____
- - - - - - - - - - - - - - - - - - - -

2. Mi hermana hizo _____ comida.

_____
- - - - - - - - - - - - - - - - -

3. Quiero _____ a Margarita de ir al concierto.

_____
- - - - - - - - - - - - - - - - - - - -

4. Homero fue _____ a la escuela.

_____
- - - - - - - - - - - - - - - - - - - -

5. La señora Torres es una _____ persona.

© Macmillan/McGraw-Hill

 Para el hogar Pida a su niño o niña que escriba su propia oración usando una de las palabras de arriba.

Nombre _____

Mientras lees Olivia, completa la tabla de fantasía y realidad.

Lo que sucede	¿Por qué no sucedería en la vida real?
1	1
2	2
3	3
4	4

¿Cómo te ayuda la tabla de fantasía y realidad a comprender mejor Olivia?

© Macmillan/McGraw-Hill

Para el hogar Pida a su niño o niña que use la tabla para volver a contar el cuento.

Olivia • **Grado I/Unidad 6** **297**

Nombre _____

La **realidad** es algo que podría pasar.

La **fantasía** es algo que no podría pasar.

Encierra en un círculo las oraciones que describen realidad. Subraya las oraciones que son fantasía.

I. Un cerdo se pone un vestido.

2. Un cerdo pinta.

3. Un cerdo duerme.

4. Un cerdo va al colegio.

5. Un cerdo tiene un gato como mascota.

6. Un cerdo se sienta en el lodo.

7. Un cerdo lee un libro.

8. Un cerdo tiene una madre.

 Para el hogar Pida a su niño o niña que escriba una oración sobre lo que un cerdo puede hacer en realidad.

Nombre _____

El **sujeto** es de quien se habla en la oración, puede ser una persona, animal o cosa.
El sujeto y el verbo concuerdan en número (singular o plural).

Ejemplo: La hormiga camina sobre la hoja.

¿Qué camina sobre la hoja?

La hormiga. **La hormiga** es el sujeto.

Contesta la pregunta para encontrar el sujeto de cada oración. Escribe el sujeto.

I. Las moscas tienen alas. _____

¿Qué tiene alas? _____

2. La arañita hizo una telaraña grande. _____

¿Quién hizo una telaraña grande? _____

3. El señor Sosa cuida a las abejas. _____

¿Quién cuida a las abejas? _____

4. Las abejas zumban alrededor de la colmena. _____

¿Qué zumba alrededor de la colmena? _____

Para el hogar Pida a su niño o niña que escriba una nueva oración para uno de los sujetos de arriba.

© Macmillan/McGraw-Hill

Nombre _____

Práctica

Ortografía:
Sílabas cerradas con
s y *r*

Lee las siguientes oraciones. Subraya las palabras que tienen sílabas terminadas en *s* y *r*.

1. ¿Te gusta dormir por la noche?

2. ¡Cantaste muy bien en el teatro!

3. Queremos ir al cine mañana temprano.

4. ¿Formas una fila antes de salir al patio de recreo?

5. Yo muestro una cesta encima de la mesa.

6. Yo bostezo cuando es de noche.

7. Las serpientes pueden ser venenosas.

© Macmillan/McGraw-Hill

 Para el hogar Pida a su niño o niña que escriba una oración usando dos sustantivos de arriba.

Práctica

Ortografía:
Sílabas cerradas con
s y *r*

Nombre _____

dormir   cantaste   queremos   formas   bostezo   cesta

Cambia el orden de las letras para formar una palabra de ortografía. Escribe la palabra en la línea.

1. masfor _____

2. tastecan _____

3. mirdor _____

4. mosquere _____

5. escta _____

6. oztebos _____

Escribe una oración con una de las palabras de ortografía.

_____

_____

Para el hogar Pida a su niño o niña que identifique todas las palabras que tengan la *s* cerrada y todas las que tengan la *r* cerrada.

Olivia • **Grado 1/Unidad 6**   **301**

© Macmillan/McGraw-Hill

Nombre _____

convencer   lograr que alguien haga algo:
No me va a **convencer** de que vaya a la fiesta.

directo   derecho o en línea recta:
Vamos **directo** a mi casa.

importante   que tiene valor para alguien:
Mi familia es muy **importante** para mí.

bastante   suficiente:
Tengo **bastante** comida en mi plato.

Usa las palabras de arriba para completar las oraciones.

1. Katia me quiere _____ de que compre otro perro.

2. Homero tiene _____ trabajo que hacer.

3. Hoy vamos a hablar sobre algo muy _____ en la escuela.

4. El tren va _____ a la estación.

© Macmillan/McGraw-Hill

Para el hogar Pida a su niño o niña que forme una nueva oración usando una de las palabras.

Nombre _____

Presta atención a las pausas que haces al llegar a un signo de puntuación mientras lees.

	La clase de Miguel estaba en la galería de arte.
10	—Manténganse juntos, niños —dijo la señora
16	Fuentes—.
17	Los niños se detuvieron en un cuarto. Había
25	muchas pinturas para ver.
29	—Mira esta pintura, Alfredo —dijo Miguel.
35	Miguel miró la pintura. Había gente remando
42	botes en un lago.
46	—Ojalá que pudiera estar en ese bote —dijo
54	Miguel. ¡De repente se encontró dentro
60	del bote!
62	Miguel puso los remos en el agua y empezó
71	a remar. Justo en ese momento Miguel escuchó
79	a Alfredo decir:
82	—Es hora de irnos, Miguel. Vamos.
88	—Espera hasta que te diga lo que me acaba
97	de pasar —dijo Miguel. 101

Comprobar la comprensión

1. ¿Adónde fueron Miguel y su clase?

2. ¿Qué le pasó a Miguel en la galería de arte?

	Palabras leídas	–	Cantidad de errores	=	Puntaje de palabras
Primera lectura		–		=	

Para el hogar Pida a su niño o niña que lea el pasaje en voz alta y que le preste atención al objetivo la parte superior de la página.

Nombre _____

Lee el cuento. Escribe la letra o letras para decir cómo corregir cada oración.

(A) Agregar un sujeto o verbo

(B) Comenzar con una letra mayúscula

(C) Agregar signo(s) de puntuación

(D) No cambiar

(1) hormiga y Pájaro Blanco no se llevaban bien. (2) Un día, Hormiga cayó al agua. (3) entonces Pájaro Blanco tiró una hoja al agua (4) A la hoja. (5) El viento empujó la hoja a la arena. (6) Hormiga se salvó. (7) Qué pasó con y Pájaro Blanco? (8) Hecho buenos amigos.

_____   _____   _____
- - - - - - - -   - - - - - - - -   - - - - - - - -
1. _____ 2. _____ 3. _____

- - - - - - - -   - - - - - - - -   - - - - - - - -
4. _____ 5. _____ 6. _____

- - - - - - - -   - - - - - - - -
7. _____ 8. _____

© Macmillan/McGraw-Hill

Para el hogar Pida a su niño o niña que haga su propio dibujo para ilustrar el cuento.

Nombre_____

Las **leyendas** te dicen hechos sobre una foto
o un dibujo.

Lee las leyendas. Contesta las preguntas.

2 de junio
Josefina lee un libro.

1. ¿Quién está en la foto?

_____

_____

2. ¿Qué hace?

_____

_____

3. ¿Cuál es la fecha?

_____

_____

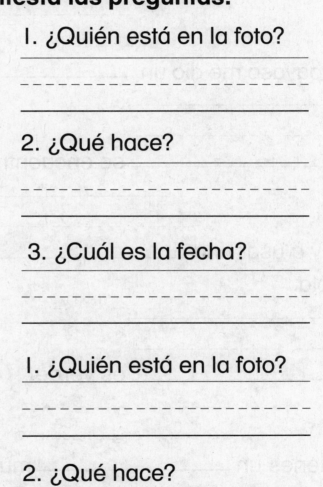

22 de diciembre
Ana busca su juguete
favorito.

1. ¿Quién está en la foto?

_____

_____

2. ¿Qué hace?

_____

_____

3. ¿Cuál es la fecha?

_____

_____

© Macmillan/McGraw-Hill

Para el hogar Pida a su niño o niña que escriba una oración propia
para describir uno de los dibujos.

| globo | grupo | regla | glosario | grillo | grueso |

Lee las palabras del recuadro. Usa las palabras para completar las oraciones.

1. El payaso me dio un _____ rojo en la fiesta.

2. El _____ se encuentra al final del libro.

3. Voy a usar una _____ para medir esta tabla.

4. El _____ es verde.

5. ¿Tienes un _____ musical favorito?

6. Este abrigo es _____ y bueno para el invierno.

Para el hogar Pida a su niño o niña que piense en otras palabras con *gr* y *gl* y las escriba en una hoja de papel.

© Macmillan/McGraw-Hill

Nombre _____

| gracioso | glaciar | lágrima | glosario | gruta | alegre |

Encierra en un círculo las palabras de ortografía.

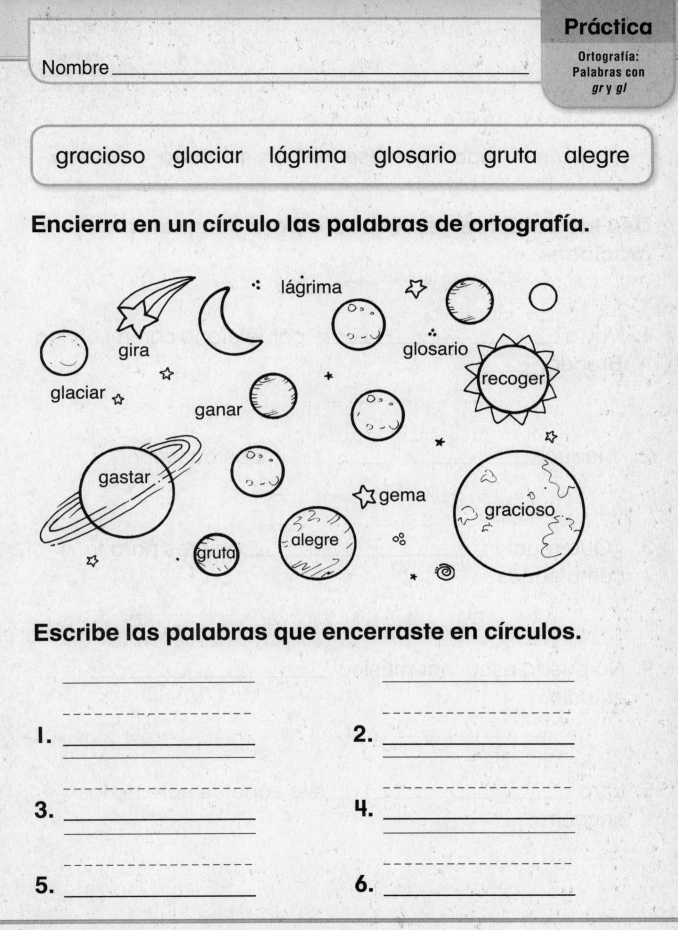

lágrima

gira

glaciar

ganar

glosario

recoger

gastar

gema

gracioso

alegre

gruta

Escribe las palabras que encerraste en círculos.

1. _____

2. _____

3. _____

4. _____

5. _____

6. _____

© Macmillan/McGraw-Hill

 Para el hogar Pida a su niño o niña que vuelva a escribir las palabras de ortografía.

El loro parlanchín **Grado I/Unidad 6** **307**

Nombre _____

| mientras | hablar | especial | encontró | buscó |

Usa las palabras del recuadro para completar las oraciones.

_____

1. Voy a _____ por teléfono con mi amiga
Brenda.

_____

2. Manuel _____ lo que buscaba.

_____

3. ¿Qué regalo _____ quieres para tu
cumpleaños?

_____

4. No puedo escuchar música _____
estudio.

_____

5. Lara _____ sus zapatos pero no los
encontró.

Para el hogar Pida a su niño o niña que escriba una nueva oración
usando una de las palabras de arriba.

Nombre _____

Mientras lees <u>El loro parlanchín</u>, completa la tabla de inferencias.

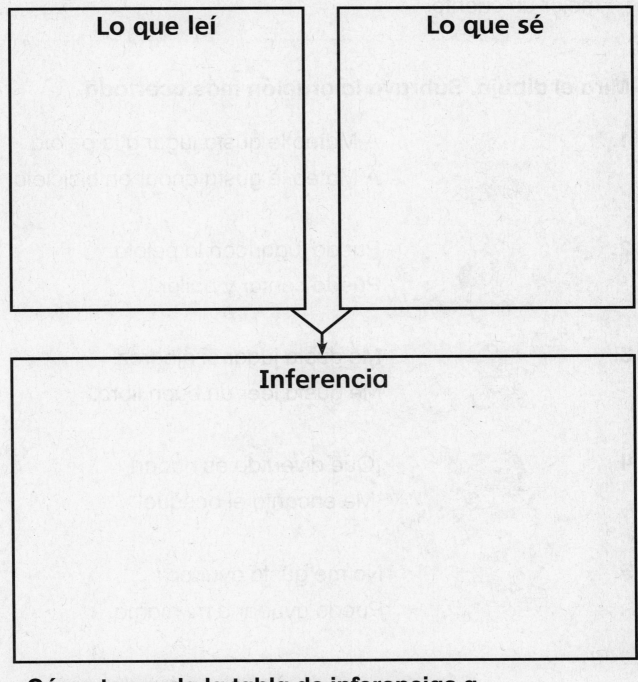

Lo que leí	Lo que sé

Inferencia

¿Cómo te ayuda la tabla de inferencias a comprender mejor <u>El loro parlanchín</u>?

 Para el hogar Pida a su niño o niña que use la tabla para volver a contar el cuento.

El loro parlanchín **Grado I/Unidad 6** **309**

© Macmillan/McGraw-Hill

Puedes usar lo que lees y lo que sabes para entender mejor un cuento.

Mira el dibujo. Subraya la oración más acertada.

1.

A Mateo le gusta jugar a la pelota.

A Mateo le gusta andar en bicicleta.

2.

Puedo jugar con la pelota.

Puedo cantar y bailar.

3.

Me gusta jugar al ajedrez.

Me gusta leer un buen libro.

4.

¡Qué divertido es nadar!

¡Me encanta el bosque!

5.

No me gusta ayudar.

Puedo ayudar a mi mamá.

© Macmillan/McGraw-Hill

Para el hogar Junto con su niño o niña, dibujen algo que él o ella pueda hacer. Pídale que le ponga el título de "Puedo hacerlo".

Nombre _____

> Una oración tiene partes. El **predicado** es una parte de una oración. El **predicado** es lo que explica algo del sujeto.
>
> Ejemplo: La luna **se ve en el cielo de noche**.
> La luna **está llena**.

Lee las oraciones. Encierra en un círculo el *predicado* de cada una.

1. El sol se pone.

2. El cielo oscurece.

3. Nosotros vemos muchas estrellas.

4. La luna brilla.

5. Una nube pasa enfrente de la luna.

6. La luna y las estrellas brillan en el cielo.

Para el hogar Pida a su niño o niña que señale el predicado y el sujeto de cada oración.

Práctica

Ortografía:
Familia de palabras
con *gr* y *gl*

En una **familia de palabras**, todas las palabras están relacionadas.

Ejemplo: gracia / gracias / gracioso

Encierra en un círculo la palabra en cada fila que no forma parte de la misma familia.

1. grasa   grasoso   gracioso

2. glaciar   temor   temeroso

3. gruñido   lágrima   gruñón

4. helado   heladera   glosario

5. alegre   granero   grano

6. grito   iglú   griterío

Haz un dibujo para una de las familias de palabras.

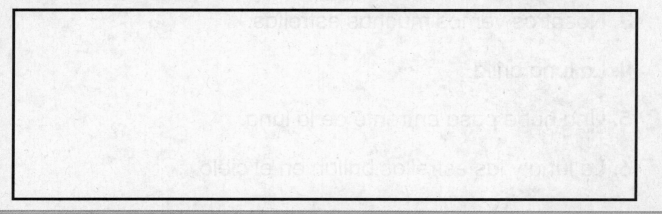

Para el hogar Pida a su niño o niña que escriba una oración usando una de las palabras de arriba.

Nombre _____

Encierra en un círculo cada palabra de ortografía que encuentres en la sopa de letras. Luego escribe las palabras.

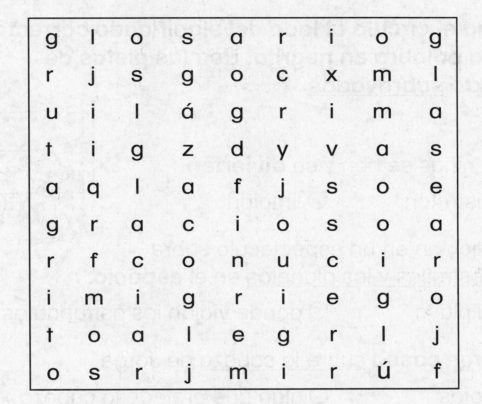

```
g  l  o  s  a  r  i  o  g
r  j  s  g  o  c  x  m  l
u  i  l  á  g  r  i  m  a
t  i  g  z  d  y  v  a  s
a  q  l  a  f  j  s  o  e
g  r  a  c  i  o  s  o  a
r  f  c  o  n  u  c  i  r
i  m  i  g  r  i  e  g  o
t  o  a  l  e  g  r  l  j
o  s  r  j  m  i  r  ú  f
```

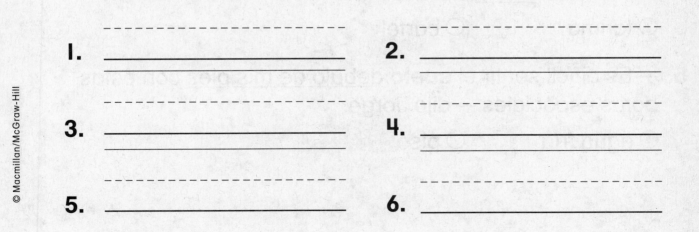

I. _____

2. _____

3. _____

4. _____

5. _____

6. _____

Para el hogar Pida a su niño o niña que escriba una oración usando una de las palabras de la sopa de letras.

El loro parlanchín **Grado I/Unidad 6** **313**

Nombre _____

Las **pistas de contexto** son palabras que te ayudan a descubrir el significado de palabras nuevas.

Rellena el círculo al lado del significado correcto para la palabra en negrita. Usa las pistas de contexto <u>subrayadas</u>.

I. Las niñas se <u>ríen</u> y se **divierten**.

○ disfrutan   ○ limpian

2. Participan en un espectáculo sobre <u>las estrellas y los planetas</u> en el **espacio**.

○ la playa   ○ donde viajan los astronautas

3. El gran **casco** <u>cubre la cabeza</u> de Jorge.

○ botas   ○ algo que protege la cabeza

4. María baila <u>sobre</u> el **escenario**.

○ tarima   ○ cartel

5. —Es difícil sentir el **suelo** <u>debajo de mis pies</u> con estas botas espaciales —dijo Jorge.

○ agua fría   ○ piso

Para el hogar Pida a su niño o niña que invente una oración usando una de las palabras resaltadas.

Nombre _____

Mientras lees, presta atención a las pausas que haces al llegar a un signo de puntuación.

	Una mañana, Laura intentaba atar los cordones
7	de sus zapatos pero no lo podía hacer.
15	—Algún día lo podrás hacer —le dijo
22	su mamá—. Mejor ponte los
27	zapatos de correa.
30	Entonces se fue a la tienda.
36	Luego llegó Maura, la hermana de Laura.
43	—Imagínate que los cordones son culebras.
49	Ata las culebras, así —dijo Maura.
55	Las culebras de Laura se enredaron.
61	—Ponte las sandalias —le dijo Maura—.
67	Ésas no tienen cordones.
71	Pero Laura se sentó y lo intentó de nuevo. 80

Comprobar la comprensión

1. ¿Qué trata de hacer Laura?

2. ¿Qué debe imaginarse Laura?

	Palabras leídas	–	Cantidad de errores	=	Puntaje de palabras
Primera lectura		–		=	
Segunda lectura		–		=	

© Macmillan/McGraw-Hill

Para el hogar Pida a su niño o niña que lea el pasaje y que le preste atención al objetivo en la parte superior de la página.

Nombre _____

Una oración tiene un **sujeto** y un **predicado**.

Escribe:

- **S** si a la oración le falta un sujeto
- **P** si a la oración le falta un predicado

I. El regalo.
_____

_____

_____

----

2. Los dos._____

_____

----

3. Juegan en la grama. _____

_____

----

4. Llegó hasta la casa de Grisela. _____

Para el hogar Pida a su niño o niña que complete las oraciones con un sujeto o un predicado y las escriba.

Nombre _____

Práctica

Elemento del texto:
Formato de
pregunta y respuesta

Usamos **el formato pregunta/respuesta** para mostrar quién habla.

Pregunta: ¿Qué haces? **Respuesta:** ¡Estoy flotando!

Escribe una respuesta basada en la imagen.

Pregunta: ¿Está lloviendo?
Respuesta: _____

_____

Pregunta: ¿Qué encontraste?
Respuesta: _____

_____

 Para el hogar Pida a su niño o niña que entreviste a un miembro de la familia para saber cómo le fue su día. Anímelo a que siga un formato de preguntas y respuestas.

Práctica

Fonética:
Sílabas cerradas con
p, d y z

lombriz	helicóptero	verdad	feroz	edad

Lee las palabras del recuadro. Escribe las palabras para completar las oraciones.

_____

-- -- -- -- -- -- -- -- -- -- --

1. El _____ hace mucho ruido.

_____

-- -- -- -- -- -- -- -- -- -- --

2. El oso es un animal muy _____.

_____

-- -- -- -- -- -- -- -- -- -- --

3. Cuando mientes no dices la _____.

_____

-- -- -- -- -- -- -- -- -- -- --

4. La _____ vive bajo la tierra.

_____

-- -- -- -- -- -- -- -- -- -- --

5. Pablo tiene cinco años de _____.

© Macmillan/McGraw-Hill

Para el hogar Pida a su niño o niña que escriba una oración usando una de las palabras del recuadro.

Práctica

Ortografía:
Sílabas cerradas con
p, d y *z*

Nombre _____

Encierra en un círculo la palabra de cada fila que esté bien escrita.

I.	Madrid	Madriz	Madrit
2.	ciudda	ciudade	ciudad
3.	feliz	felid	felliz
4.	obción	opción	opsión
5.	aroz	arroz	arroc
6.	bos	vuz	voz

Usa las pistas para escribir una palabra de ortografía en la línea.

5. comienza con **c** + suena como **verdad**

_____

- - - - - - - - - - - - - - - -

_____.

6. comienza con **o** + suena como **emoción**

_____

- - - - - - - - - - - - - - - -

_____.

Para el hogar Ayude a su niño o niña a identificar objetos en su casa cuyos nombres tengan sílabas cerradas con *p, d* o *z*.

Un trabajo genial • Grado I/Unidad 6   **319**

Nombre _____

| interesantes solamente común herramientas opción |

Usa las palabras del recuadro para completar las oraciones.

1. Juan es un nombre muy _____.

2. Esos libros me parecen muy _____.

3. Yesenia y yo hemos hablado _____
una vez.

4. Mi papá guarda el martillo en su caja de
_____
_____.

5. Tienes la _____ de estudiar o de jugar.

Para el hogar Pida a su niño o niña que use una de las
palabras en una nueva oración.

Mientras lees <u>Un trabajo genial</u>, completa la tabla de clasificar y categorizar.

Clasificar y categorizar	
Trabajos de oficina	**Trabajos físicos**

¿Cómo te ayuda la tabla de clasificar y categorizar a entender mejor <u>Un trabajo genial</u>?

Para el hogar Pida a su niño o niña que use la tabla para
volver a contar el cuento.

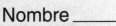

Nombre _____

Tacha la palabra que no corresponda a cada grupo.

1. semilla   casa   hoja   planta

2. viento   lluvia   sol   gato

3. árbol   puerta   hierba   rosa

4. dormir   saltar   correr   caminar

5. hablar   cantar   gritar   volar

6. escuela   casa   camino   tienda

7. perro   bicicleta   gato   pájaro

8. malo   simpático   cariñoso   bueno

© Macmillan/McGraw-Hill

Para el hogar Pida a su niño o niña que le explique por qué
tachó ciertas palabras y por qué van juntas las demás.

Nombre _____

> El **pronombre personal** es una palabra que reemplaza al nombre o sustantivo.
>
> El pronombre **él** o **ella** reemplaza una persona o cosa en el sujeto de una oración.
>
> Ejemplo: <u>Pedro</u> es un cocinero. **Él** es un buen cocinero.
>
> El pronombre **ellos** o **ellas** reemplaza más de una persona o cosa en el sujeto. Debes usar **ellos** para un grupo de géneros mixtos.
>
> Ejemplo: <u>Las chicas</u> cantan. **Ellas** cantan muy bien.

Encierra en un círculo el pronombre que reemplaza la parte subrayada de la oración.

1. <u>Mamá y Papá</u> trabajan. Ellos trabajan duro.

2. <u>El señor Valle</u> repara coches. Él repara coches viejos.

3. <u>Ana</u> vende sombreros. Ella vende bolsas también.

4. <u>Lucía y Leticia</u> pasean a los perros. Ellas pasean a todo tipo de perros.

5. <u>Roberto y Ricardo</u> pintan. Ellos pintan cuadros preciosos.

© Macmillan/McGraw-Hill

Para el hogar Pida a su niño o niña que señale los pronombres *él, ella, ellos* y *ellas* en un cuento y que encuentre el nombre o nombres que los pronombres reemplazan.

Un trabajo genial • Grado I/Unidad 6   **323**

Práctica

Ortografía:
Plural de palabras
terminadas en z

Nombre _____

Para formar el **plural** de palabras que terminan con z,
debes **cambiar la z por c**. Luego debes **agregar es**.
Ejemplo: lápiz / lápices

Escribe la forma plural de las siguientes palabras.

1. juez _____ **2.** nuez _____

3. capaz _____ **4.** feroz _____

5. atroz _____ **6.** lombriz _____

7. actriz _____ **8.** feliz _____

9. cicatriz _____ **10.** aprendiz _____

© Macmillan/McGraw-Hill

Para el hogar Pida a su niño o niña que use una de las
palabras de arriba en una oración.

Práctica

Ortografía:
Sílabas cerradas con
p, d y *z*

Nombre _____

**Rellena el círculo al lado de la palabra que esté
bien escrita.**

1. ○ felith
   ○ felis
   ○ feliz

2. ○ Madriz
   ○ Madrid
   ○ Madred

3. ○ ciudad
   ○ ciuda
   ○ cuidad

4. ○ apción
   ○ opsción
   ○ opción

5. ○ voz
   ○ voc
   ○ boz

6. ○ arros
   ○ arroz
   ○ arross

Para el hogar Pida a su niño o niña que escriba una oración
basada en una de las palabras de arriba.

Algunas palabras tienen más de un significado.

> **interesantes** que llaman la atención: Esas películas
> se me hacen muy **interesantes**.
>
> **solamente** únicamente: Yo he ido a esa tienda
> solamente una vez.
>
> **común** usual, normal: Ese estilo de ropa es **común**.
>
> **herramientas** objetos que se utilizan para trabajar:
> Los plomeros usan **herramientas** para reparar cosas.

Usa una palabra del recuadro para completar cada oración.

I. Yo he ido a Florida _____ una vez.

2. Un electricista siempre lleva muchas _____.

3. La salsa es un tipo de música _____.

4. Hay libros _____ en la biblioteca.

Para el hogar Mientras leen, pida a su niño o niña que señale dos palabras que no conozca. Trabajen juntos para encontrar el significado en el diccionario.

© Macmillan/McGraw-Hill

Nombre _____

Mientras lees, presta atención a las pausas que haces al llegar a un signo de puntuación.

	Algunos pilotos pilotan aviones de turismo.
6	Los aviones de turismo vuelan muy
12	cerca del suelo, para que la gente que está
21	en los aviones pueda ver todos los sitios
29	de interés.
31	Algunos pilotos pilotan helicópteros. Un
36	helicóptero es diferente a un avión.
42	Los pilotos de los helicópteros pueden
48	hacerlos volar hacia adelante y hacia atrás.
55	También pueden hacer que el helicóptero
61	gire en un círculo mientras se mantiene en el
70	mismo lugar. Hay lugares en donde sólo
77	los helicópteros pueden volar. Son lugares
83	donde los aviones no pueden ir. 89

Comprobar la comprensión

1. ¿Por qué vuelan los aviones de turismo cerca del suelo?

2. ¿En qué dirección se pueden mover los helicópteros?

	Palabras leídas	−	Cantidad de errores	=	Puntaje de palabras
Primera lectura		−		=	
Segunda lectura		−		=	

Para el hogar Pida a su niño o niña que lea el pasaje y que le preste atención al objetivo en la parte superior de la página.

Nombre _____

La persona que habla debe colocarse al final si menciona a otros.
Ejemplo: Elena, Carlos y yo hablamos.

Escribe los nombres de los amigos y la palabra *yo* en el orden correcto para completar la oración.

_____
_____

1. _____ vamos a la fiesta.

(yo, Elena, Mady)

_____
_____

2. _____ bailamos mucho.

(yo, Rafael)

_____
_____

3. _____ comemos un pastel.

(yo, Jorge, Pami)

_____
_____

4. _____ regresamos a casa.

(yo, mi hermano)

© Macmillan/McGraw-Hill

Para el hogar Ayude a su niño o niña a describir algo que hace con sus amigos. Asegúrese de que coloque *yo* al final cuando mencione a otros.

Nombre _____

¡Puedes aprender sobre cualquier cosa en Internet! Escribe lo que quieres encontrar en el recuadro. Haz click en "IR".

Aparecerá una lista de sitios en Internet.

○ ○ ○
◀ ▶ ⟳ + ☐ Buscar en el Centro de comunicación   ○ Q▼   ⟳
📖   »

BUSCAR | escuela | (IR)

Escribe las palabras clave que teclearías en la casilla de búsqueda para investigar lo siguiente:

1. Quieres saber más sobre la Luna.

_____

- -

_____

2. Quieres saber más sobre la ciudad de Nueva York.

_____

- -

_____

3. Quieres saber más sobre tu animal favorito.

_____

- -

_____

Para el hogar Pida a su niño o niña que investigue algo que le interesa en internet.

Práctica

Fonética:
Sílabas cerradas con *c*,
x y abiertas con *x*

ficción	insecto	redacción	perfecto	calefacción

Usa las palabras para completar las oraciones.

1. La abeja es un tipo de _____.

2. Hay que prender la _____ en el invierno.

3. Quiero ver la película nueva de ciencia

   _____.

4. Esa escritora de libros tiene muy buena

   _____.

5. Este trabajo es casi _____.

Para el hogar Pida a su niño o niña que identifique palabras con sílabas cerradas con *c* y *x* en periódicos o revistas. Luego anímelo a decir una oración con cada palabra.

© Macmillan/McGraw-Hill

Práctica

Ortografía:
Sílabas cerradas con *c*,
x y abiertas con *x*

Nombre _____

| examen | sección | acción | texto | lección | sexto |

Lee las palabras. Divide en sílabas con una rayita (-) las palabras con *x*.

1. _____

2. _____

3 _____

Divide en sílabas con una rayita (-) las palabras con *c*.

4. _____

5. _____

6. _____

Para el hogar Pida a su niño o niña que mire las palabras que escribió de 1-6 y que subraye las letras que forman el sonido de sílabas cerradas con *c* y *x*.

La hormiguita Ita • **Grado I/Unidad 6** **331**

© Macmillan/McGraw-Hill

Nombre _____

| jardín | favorita | miedo | margarita | antenas |

Usa las palabras del recuadro para completar las oraciones.

1. La _____ es una flor de pétalos blancos.

2. La pasta es mi comida _____.

3. Pepe le tiene _____ a las arañas.

4. Las abejas tienen dos _____ en la cabeza.

5. Mi mamá cultiva rosas en el _____.

 Para el hogar Pida a su niño o niña que escriba una oración con las palabras *margarita* y *favorita*.

Nombre _____

Mientras lees La hormiguita Ita, completa la tabla de predicciones.

Lo que predigo	Lo que sucede

¿Cómo te ayuda la tabla de predicciones a comprender lo que pasa en La hormiguita Ita?

Para el hogar Pida a su niño o niña que use la tabla para volver a contar el cuento.

La hormiguita Ita • Grado I/Unidad 6   **333**

© Macmillan/McGraw-Hill

Nombre _____

En una **predicción** dices lo que piensas que pasará.

**Lee cada pasaje. Completa la oración para decir
lo que podría pasar.**

1. Despega la nave. Vuela hacia la luna.
La nave

_____

- -

_____.

2. El carro está sucio. A mamá le gusta
limpio. Mamá

_____

- -

_____.

3. Hace viento hoy. Tenemos cometas.
Nosotros

_____

- -

_____.

4. Papá trae a casa una bolsa llena de
comida. Él cocina la comida. Nosotros

- -

_____.

© Macmillan/McGraw-Hill

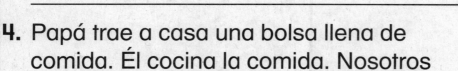

Para el hogar Pida a su niño o niña que prediga qué pasará en cada
pasaje y que haga un dibujo de una de sus predicciones.

Nombre _____

> *Yo*, *tú*, *mí* y *ti* son **pronombres**.
>
> Usa *yo* y *tú* en el **sujeto** de una oración.
>
> Usa *mí* y *ti* en el **predicado** de una oración.
>
> Ejemplos: *Yo* tengo un libro sobre las aves.
>
> Mamá me dio el libro a *mí*.

Escribe *yo* o *tú* en el sujeto.

1. _____ montas en bicicleta.

2. Mi hermana y _____ paseamos.

3. _____ baño a mi perrito.

Escribe *mí* o *ti* en <u>el predicado.</u>

4. Nora te ayuda a _____.

5. Luego me ayudará a _____.

6. Pronto, Papá me enseñará a _____ a volar una cometa.

Para el hogar Ayude a su niño o niña a escribir una oración con *yo*, *mí*, *tú* y *ti*.

La hormiguita Ita • Grado I/Unidad 6   **335**

Nombre _____

Aunque tienen un sonido parecido, es importante distinguir entre las palabras que llevan **cc** y las que llevan **x**.

Completa las siguientes palabras con las letras *cc* o la *x*.

1. e_____amen

2. e_____ceder

3. se_____ión

4. e_____agerar

5. a_____ión

6. e_____tensión

7. te_____to

8. reda _____ión

Para el hogar Pida a su niño o niña que use dos de las palabras de arriba para formar una oración.

Nombre _____

Mira cada juego de palabras.

Una palabra de cada juego está escrita correctamente. Rellena el círculo correspondiente a esa palabra.

1. ○ etxto

○ tetxo

○ texto

2. ○ examen

○ emaxen

○ exmaen

3. ○ seción

○ secsión

○ sección

4. ○ axión

○ ación

○ acción

5. ○ secto

○ sexto

○ setco

6. ○ lexión

○ lecion

○ lección

Escribe una oración con una de las palabras de ortografía.

_____

- - - - - - - - - - - - - - - - -

_____

© Macmillan/McGraw-Hill

Para el hogar Ayude a su niño o niña a encontrar al menos otras dos
palabras con sílabas cerradas con *c* y *x*.

La hormiguita Ita • Grado I/Unidad 6   **337**

Muchas de las palabras que llevan **cc** llevan la terminación **-ión**.
Ejemplo: *succ + ión = succión*
Muchas palabras que llevan **x** también llevan la terminación **-ión**.
Ejemplo: *reflex + ión = reflexión*

Escribe las letras que faltan en las siguientes palabras.

I. lecc _____

2. acc _____

3. refacc _____

4. tracc _____

5. transacc _____

6. fracc _____

7. conex _____

8. anex _____

9. complex _____

10. inflex _____

Nombre _____

Presta atención a la puntuación mientras lees.

	Hoy es domingo. En la televisión predicen
7	el clima. Nos dicen que va a hacer calor
16	el día de hoy y de mañana.
23	Ahora sabes cómo será el clima el domingo.
31	¡Será un gran día para nadar!
37	Hoy es lunes. Hace calor pero no hace sol.
46	Hay nubes grises por todas partes.
52	Podría llover.
54	Hoy es martes. Es un día húmedo y lluvioso.
63	La gente va a tener que usar sus paraguas
72	para no mojarse. 75

Comprobar la comprensión

1. ¿Qué puedes hacer un día caluroso de sol?

2. ¿Qué usarías para un día lluvioso?

	Palabras leídas	—	Cantidad de errores	=	Puntaje de palabras
Primera lectura		—		=	
Segunda lectura		—		=	

Para el hogar Pida a su niño o niña que lea el pasaje y que le preste atención a la meta en la parte superior de la página.

La hormiguita Ita • **Grado 1/Unidad 6** **339**

Práctica

Gramática:
Acentuación en los
pronombres *tú* y *mí*

Se usa el **acento** en *tú* y en *mí*.

Se usa *yo* y *tú* en el **sujeto** de una oración.

Se usa *mí* y *ti* en el **predicado** de una oración.

**Corrige las siguientes oraciones de la obra.
Encierra los pronombres *tú* y *mí* en un círculo si
no están utilizados correctamente.**

1. OSITO: Mamá atrapa peces para yo.

A veces tu comes moras, también.

Ti pones más alto y fuerte.

2. OSÍN: Mí quiero aprender a pescar, Mamá.

Osito y mí crecemos.

3. MAMÁ: Mí les voy a enseñar a pescar, hijos.

Osito y ti verán y aprenderán.

© Macmillan/McGraw-Hill

 Para el hogar Pida a su niño o niña que lea la obra en voz alta a su familia y se asegure de usar *yo/tú* y *mí/ti* correctamente en las oraciones.

Nombre _____

> Un **encabezamiento** dice qué información está en una sección de un artículo o cuento.

Lee el artículo sobre las arañas.

Las arañas

Una araña es un animal pequeño. Una araña puede ser negra, roja, marrón o hasta amarilla.

El cuerpo de una araña

El cuerpo de la araña se divide en dos partes. También tiene 8 patas. Un insecto tiene solamente 6 patas.

El hogar de una araña

Una araña vive en una telaraña. Teje una telaraña pegajosa. Cuando un insecto choca con su telaraña, se atasca. Luego la araña se lo come.

Contesta las preguntas sobre el artículo.

1. Encierra en un círculo los dos encabezamientos que dicen qué información tienen las secciones.

2. Escribe un dato de cada sección.

_____

_____

_____

_____

Para el hogar Pida a su niño o niña que le cuente sobre arañas, por ejemplo cómo son y qué comen.

Práctica

Fonética:
Sílabas cerradas con
b, *bs*, *ns*

Nombre _____

| obvio | objeto | obstante | construye | absorbe |

Usa las palabras del recuadro para completar las oraciones.

1. El constructor _____ un edificio.

2. Es _____ que no sabe que hacer.

3. No _____, me iré.

4. La toalla de papel _____ muy bien el agua.

5. El_____ era de metal.

 Para el hogar Pida a su niña o niño que use una de las palabras del recuadro en una oración.

© Macmillan/McGraw-Hill

Nombre _____

| observar | objetivo | constelación |
| constitución | instante | objeto |

Mira las palabras del recuadro. Completa las palabras de ortografía.

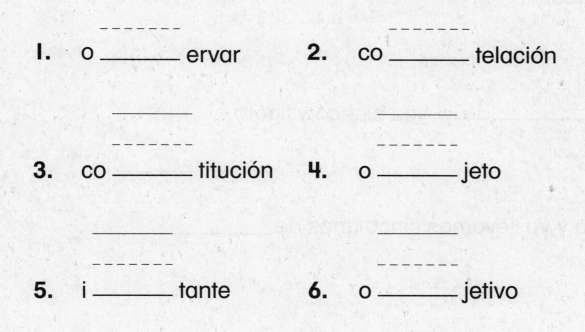

1. o _____ ervar

2. co _____ telación

3. co _____ titución

4. o _____ jeto

5. i _____ tante

6. o _____ jetivo

Elige una de las palabras de ortografía. Escribe una oración con ella.

_____

_____

Para el hogar Pida a su niño o niña que escriba una oración usando una de las palabras de arriba.

Liza en el parque de las palomas   **343**
Grado I/Unidad 6

© Macmillan/McGraw-Hill

Nombre _____

| parque | amistad | plumas | algodón |

Usa las palabras del recuadro para completar las oraciones.

_____

----

1. Las _____ de los pájaros son de muchos colores.

_____

----

2. El _____ es blanco y ligero.

_____

----

3. Flora y yo llevamos cinco años de _____ .

_____

----

4. Vamos al _____ esta tarde.

Para el hogar Pida a su niña o niño que escriba una oración nueva con una de las palabras de arriba.

© Macmillan/McGraw-Hill

Nombre _____

Mientras lees <u>Liza en el parque de las palomas</u>, completa la tabla de personajes, ambiente y argumento.

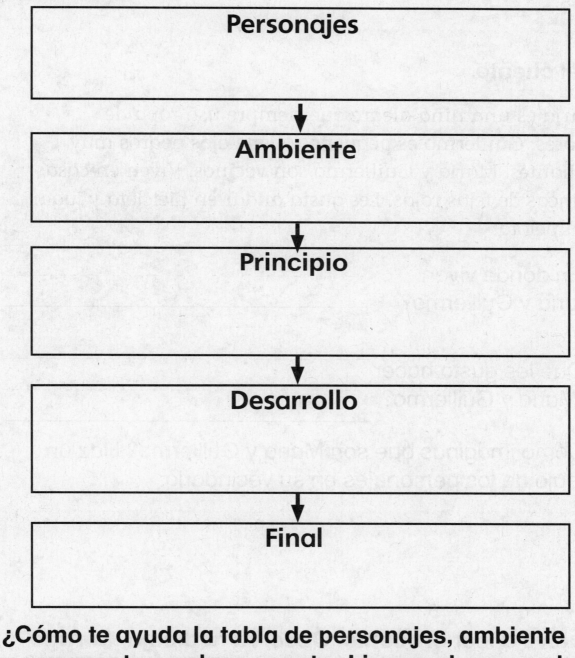

Personajes

↓

Ambiente

↓

Principio

↓

Desarrollo

↓

Final

¿Cómo te ayuda la tabla de personajes, ambiente y argumento a volver a contar <u>Liza en el parque de las palomas</u>?

© Macmillan/McGraw-Hill

Para el hogar Pida a su niño o niña que use la tabla para volver a contar el cuento.

Liza en el parque de las palomas
Grado I/Unidad 6   **345**

Visualizar significa crear imágenes sensoriales en tu mente. Visualizar te permite comprender mejor lo que lees.

Lee el cuento.

María es una niña alegre que siempre usa ropa de colores. Guillermo es pequeño y tiene ojos negros muy brillantes. María y Guillermo son vecinos. Viven en casas blancas de tejas rojas. Les gusta andar en bicicleta y jugar a la pelota.

1. ¿En dónde viven María y Guillermo?

_____

_____

2. ¿Qué les gusta hacer a María y Guillermo?

_____

_____

¿Cómo imaginas que son María y Guillermo? Haz un dibujo de los personajes en su vecindario.

Vuelve a leer el cuento. Observa tu dibujo. Corrige los elementos de tu dibujo que no coincidan con el cuento.

Para el hogar Pida a su niño o niña que describa oralmente las casas y los niños del cuento.

Nombre _____

> Usa **y** para unir dos oraciones con partes iguales.
> María <u>construye una fortaleza</u>. Eduardo <u>construye una fortaleza</u>. **María y Eduardo** construyen una fortaleza.

Encierra en un círculo las partes que sean iguales. Usa y para unir las oraciones. Escribe la oración nueva.

I. Mamá clava. Mamá sierra.

Mamá _____.

2. María arrastra la madera. Eduardo arrastra la madera.

_____ **arrastran la madera**

3. María lija. María pinta.

María _____.

4. Eduardo consigue una mopa. Eduardo consigue una escoba.

Eduardo consigue _____.

5. Abuelita ayuda. Abuelito ayuda.

_____ **ayudan.**

Para el hogar Anime a su niño o niña a inventar dos oraciones y unirlas con la conjugación *y* siguiendo el ejemplo.

Liza en el parque de las palomas
Grado I/Unidad 6

347

Nombre _____

Una **familia de palabras** es un grupo de palabras
que están relacionadas.
Ejemplo: observar / observador / observatorio

**Encierra en un círculo las letras _b_, _bs_ o _ns_ en las
siguientes familias de palabras.**

1. observar   observador   observación

2. constelación   constelar   constelado

3. constitución   constituir   constituyente

4. objeto   objectar   objetivo

Haz un dibujo para dos de las familias de palabras.

1.

2.

Para el hogar Pida a su niña o niño que escriba una oración usando
dos de las palabras de arriba.

© Macmillan/McGraw-Hill

Nombre _____

observar	constelación	constitución
instante	objetivo	objeto

Completa las oraciones con una palabra del recuadro.

1. De noche se puede ver una _____.

2. Tengo como _____ ganar la carrera.

3. En un _____ se fue.

4. Voy a estudiar la _____.

5. Me gusta _____ el cielo de noche.

6. Una roca es un _____ muy duro.

Para el hogar Pida a su niña o niño que escriba una oración usando una de las palabras del recuadro.

Liza en el parque de las palomas
Grado I/Unidad 6   349

Nombre _____

Usa las pistas de contexto <u>subrayadas</u> para
descubrir el significado de la palabra resaltada.
Conecta la palabra con su significado.
Escribe la letra correcta en la línea.

a. dio vueltas **b.** regresó

c. acarició **d.** aseguran

e. un puente que se puede levantar y bajar

_____

1. La Familia Real **volvió** <u>a casa después de un viaje</u> _ _ _ _
<u>al campo.</u> _____

2. El rey, la reina, y el príncipe <u>cruzaron</u> el **puente** _ _ _ _
levadizo <u>hacia el castillo</u>. _____

3. La reina besó al príncipe y le **pasó la mano** _ _ _ _
suavemente <u>por la cabeza</u>. _____

_____

_ _ _ _

4. El <u>agua</u> del río se **arremolinó** en el <u>foso</u>. _____

_____

5. El <u>foso</u> y el <u>puente levadizo</u> **protegen** el <u>castillo</u> de _ _ _ _
los <u>forasteros</u>. _____

© Macmillan/McGraw-Hill

Para el hogar Pida a su niño o niña que cuente su propia historia
acerca de un castillo y que use las palabras *puente levadizo* y *protege* en
la historia.

Presta atención a la puntuación del cuento mientras lees.

	Las fresas son plantas que son fáciles de cultivar.
9	Primero, encuentra un lugar que reciba
15	por lo menos seis horas de sol.
22	Luego, cava unos hoyos para las plantas
29	pequeñas. Cava los hoyos a unas doce pulgadas
37	de distancia entre ellos. No deben estar muy
45	juntos.
46	Después, siembra las plantas dentro de los hoyos.
54	Presiona la tierra alrededor de cada planta.
61	Asegúrate de que la tierra cubra las raíces
69	Riega las plantas.
72	Finalmente recoge las fresas cuando maduren.
78	A los animales les gustan las fresas. Mientras
86	crecen tus plantas, tendrás que estar pendiente
93	de los animales. Aves, tortugas e insectos
100	comen las fresas. 103

Comprobar la comprensión

1. ¿Es fácil o difícil de cultivar fresas?

2. ¿Qué necesitan las fresas para crecer?

	Palabras leídas	–	Cantidad de errores	=	Puntaje de palabras
Primera lectura		–		=	
Segunda lectura		–		=	

Para el hogar Pida a su niño o niña que lea el pasaje y que le preste atención al objetivo en la parte superior de la página.

© Macmillan/McGraw-Hill

Nombre _____

Escribe dos puntos después del saludo de una carta.
Escribe una coma después de la despedida de una
carta.

Corrige la carta. Convierte las oraciones subrayadas en una usando *y*.

26 diciembre de 2007

Estimado Raymundo

    ¿Cómo estás? Espero que te encuentres bien. Ojalá
que hayas disfrutado tus vacaciones.

    <u>Yo fui a la playa</u>. <u>Mi mamá fue a la playa</u>.

_____

- -

_____

<u>Mi papá nos ayudó a construir un castillo de arena</u>. <u>Mi
hermano nos ayudó a construir un castillo de arena</u>.

_____

- -

_____

¡Qué divertido fue! Cuéntame de tus vacaciones. ¡Espero
verte muy pronto!

Tu amiga

Carla

Para el hogar Pida a su niño o niña que escriba una carta a su mejor
amigo o amiga y asegure de que use la puntuación correcta.

Nombre _____

Los poemas suelen **repetir** palabras u oraciones más de una vez. Cuando un grupo de palabras comienza con el mismo sonido, se produce la **aliteración**.

Lee el poema. Contesta las preguntas.

El sapito ronco

Un sapito ronco,

Se sentó sobre un tronco.

No supo saltar.

No quiso brincar.

Siguió sentado solo en el tronco,

y se puso a cantar.

Hasta que más ronco

volvió a quedar.

I. Encierra en un círculo las palabras que riman con la palabra "ronco".

2. Subraya las otras palabras que comienzan con el mismo sonido.

3. Encierra en un cuadro las palabras que se repiten.

4. Escribe un verso acerca de un animal. Anímate a incluir repeticiones, rimas y aliteración.

Para el hogar Pida a su niño o niña que piense en otras palabras que riman. Anímelo a crear series de palabras que comienzan con el mismo sonido.

Contenido

INSTRUCCIONES
Contesta las siguientes preguntas sobre "Susi y Nino" (págs. 136 y 137).

1 ¿Qué es lo primero que hace Susi?

    Ⓐ Juega con Nino.

    Ⓑ Sube la loma.

    Ⓒ Juega en la arena.

2 ¿Qué hace Susi después?

    Ⓐ Salta.

    Ⓑ Juega con Nino.

    Ⓒ Baja la loma corriendo.

3 ¿Con quién está Susi?

    Ⓐ con Nino

    Ⓑ con su mamá

    Ⓒ con su mascota

© Macmillan/McGraw-Hill

4 ¿Qué es lo primero que hace Nino?

- (A) Sube la loma en bici.
- (B) Elige una mascota.
- (C) Juega en la arena.

5 ¿Qué hace Nino después?

- (A) Sube la loma corriendo.
- (B) Juega en la arena con Susi.
- (C) Baja la loma en bici.

ALTO

INSTRUCCIONES
Contesta las siguientes preguntas sobre "Gatos y perros" (págs. 138 y 139).

1 Observa la fotografía del gato. El gato —

(A) está saltando.

(B) está descansando.

(C) está cavando.

2 Observa la fotografía del gato. ¿Qué tiene el gato al lado de la nariz?

(A) bigotes

(B) patas

(C) cola

3 Observa la fotografía del perro. El perro está —

(A) cavando en la arena.

(B) moviendo las orejas.

(C) mirando hacia adelante.

© Macmillan/McGraw-Hill

Página 1

SIGUE ➡

4 Observa la fotografía del perro. El perro tiene —

A una cola.

B un árbol.

C bigotes.

5 ¿Qué parte se señala en las dos fotografías?

A nariz

B oreja

C pata

INSTRUCCIONES

Contesta las siguientes preguntas sobre "La rana Chuchi" (págs. 144 y 145).

1 ¿Cuál es el problema en el cuento?

(A) Fani no quiere ayudar a Rafa.

(B) Rafa está enfermo.

(C) Chuchi se perdió.

2 ¿Dónde la busca Rafa primero?

(A) en su mochila

(B) debajo de las sábanas

(C) en el fregadero

3 ¿Dónde la busca Fani después?

(A) en su mochila

(B) en un plato

(C) en una laguna

© Macmillan/McGraw-Hill

Página 1

SIGUE ▶

4 ¿Cómo resuelve Fani el problema?

    (A) Busca a Chuchi debajo de la cama.

    (B) Le grita a Chuchi.

    (C) Pregunta qué le gusta hacer a Chuchi.

5 ¿Qué sucede en este cuento?

    (A) Rafa y Fani quieren a Chuchi.
        Chuchi se esconde debajo de la cama.

    (B) Fani y Rafa buscan a Chuchi.
        Chuchi está en el fregadero.

    (C) Rafa está perdido.
        Fani busca a Rafa.

ALTO

INSTRUCCIONES
Contesta las siguientes preguntas sobre "Haz un libro" (págs. 146 y 147).

1 El diagrama de la página 146 muestra las partes de —

A una casa.

B una puerta.

C un libro.

2 El nombre del libro está en —

A la portada.

B las páginas interiores.

C la contraportada.

3 ¿Qué debes hacer con el papel para hacer un libro?

A romperlo

B cortarlo

C doblarlo

© Macmillan/McGraw-Hill

Página 1

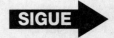

4 ¿Qué debes dibujar en la portada?

    A   una puerta

    B   una mascota

    C   un hombre

5 ¿Cuál es el último paso de las instrucciones?

    A   Escribe acerca de tus dibujos.

    B   Muestra el libro a un amigo.

    C   Dibuja tres cosas.

ALTO

INSTRUCCIONES
Contesta las siguientes preguntas sobre "Carola y Azucena" (págs. 150 y 151).

1 ¿Qué parte del texto muestra adónde van a ir Carola y Azucena?

(A) **Carola:** Hola, Azucena, ¿quieres jugar afuera?

(B) **Azucena:** Sí, pero sólo tengo un rato para jugar.

(C) **Carola:** Vamos al parque.

2 ¿Qué parte muestra que Azucena tiene algo más para hacer?

(A) **Carola:** Hola, Azucena, ¿quieres jugar afuera?

(B) **Azucena:** Sí, pero sólo tengo un rato para jugar.

(C) **Carola:** Vamos al parque.

3 ¿Dónde queda el parque?

(A) muy lejos

(B) cerca

(C) muy cerca

Página 1

SIGUE ➡

4 ¿Qué parte muestra cómo van a ir al parque Carola y Azucena?

(A) **Carola:** Vamos al parque.

(B) **Carola:** ¿Qué quieres hacer?

(C) **Azucena:** ¡Montar en bici!

5 ¿Cómo irán al parque las niñas la próxima vez que vayan?

(A) saltando

(B) en bici

(C) corriendo

© Macmillan/McGraw-Hill

INSTRUCCIONES
Contesta las siguientes preguntas sobre "Hecho en casa" (págs. 152 y 153).

1 ¿Cuál es la idea principal del artículo?

(A) Hace mucho tiempo, los niños hacían los juguetes.

(B) Hoy en día, los niños compran juguetes y juegos.

(C) Hace mucho tiempo, los niños no jugaban a la pelota.

2 ¿De qué trata principalmente la última parte del artículo?

(A) empleos

(B) papalotes

(C) *stick ball*

3 ¿Qué usaban los niños para hacer papalotes?

(A) bolsas

(B) tela

(C) hojas de maíz

Página 1

SIGUE ➤

4 Observa la muñeca de la página 153. ¿De qué está hecha?

    A trapos

    B palos

    C hojas de maíz

5 En la fotografía de la página 153, la niña tiene puesto —

    A un sombrero.

    B un vestido.

    C pantalones.

Página 2

INSTRUCCIONES
Contesta las siguientes preguntas sobre "Mi perro Robin" (págs. 154 y 155).

1 A Robin le gusta jugar —

    A en la cocina.

    B en el baño.

    C afuera.

2 ¿Con qué le gusta jugar a Robin?

    A con pelotas

    B con huesos

    C con comida

3 En total, Robin enterró —

    A cinco pelotas.

    B siete pelotas.

    C seis pelotas.

Página 1

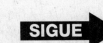 SIGUE

4 ¿Dónde enterraba las pelotas Robin?

    (**A**) en la casa de un amigo

    (**B**) en la nieve

    (**C**) cerca de la escuela

5 ¿Qué pasó cuando se derritió la nieve? Respalda tu respuesta con detalles del cuento.

_____

_____

_____

_____

INSTRUCCIONES

Contesta las siguientes preguntas sobre "Tan altas como los árboles" (págs. 156 y 157).

1 Observa la siguiente red.

¿Qué palabra corresponde al óvalo vacío?

Ⓐ alta

Ⓑ hojas

Ⓒ crin

2 Observa la fotografía de la página 156. Las jirafas obtienen su alimento y agua de —

Ⓐ las vacas.

Ⓑ las hojas.

Ⓒ las personas.

Página 1

SIGUE ➡

3 Las jirafas son los mamíferos más altos. ¿Qué quiere decir
<u>mamífero</u>?

    Ⓐ toro

    Ⓑ árbol

    Ⓒ animal

4 Observa la fotografía de la página 157. ¿Qué tiene la jirafa en
la cabeza?

    Ⓐ terneros

    Ⓑ cuellos

    Ⓒ cuernos

5 Indica cuánto mide una jirafa macho cuando nace y cuánto
puede medir cuando crece. Respalda tu respuesta con detalles
del texto.

_____

_____

_____

_____

ALTO

© Macmillan/McGraw-Hill

Nombre del estudiante _____

INSTRUCCIONES
Contesta las siguientes preguntas sobre "Lo que aprendió Saltamontes" (págs. 158 y 159).

1 Usa el diagrama para contestar la pregunta.

```
┌──────────────────────┐
│  Saltamontes toca    │
│  música todo el día  │
└──────────────────────┘
          │
          ▼
┌──────────────────────┐
│  Hormiga trabaja duro│
└──────────────────────┘
          │
          ▼
┌──────────────────────┐
│   Llega el invierno  │
└──────────────────────┘
          │
          ▼
┌──────────────────────┐
│                      │
└──────────────────────┘
```

¿Qué suceso corresponde al recuadro vacío?

A Saltamontes toca música.

B Saltamontes no tiene comida.

C Hormiga se queda sin comida.

2 ¿Qué es un <u>saltamontes</u>?

A Un animal que nada en una laguna.

B Un animal que juega en la nieve.

C Un animal que salta en el pasto.

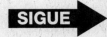

3 La nieve se arremolinó. ¿Qué quiere decir <u>arremolinarse</u>?

    (A) formar un remolino

    (B) fabricar un molino

    (C) sacar agua de un molino

4 Mientras Hormiga trabaja, Saltamontes —

    (A) construye su casa.

    (B) toca música.

    (C) pide maíz.

5 ¿En qué se diferencian Hormiga y Saltamontes? Explica tu respuesta y respáldala con detalles del cuento.

_____

_____

_____

_____

ALTO

INSTRUCCIONES
Contesta las siguientes preguntas sobre "¿Qué dice la tabla del tiempo?" (págs. 160 y 161).

1 ¿Cómo sabes qué palabras del primer párrafo son importantes?

- **A** Están en letra resaltada.
- **B** Están en mayúscula.
- **C** Están en el artículo.

2 El tiempo puede ser cálido o —

- **A** tabla.
- **B** día.
- **C** frío.

3 Observa la tabla de la página 161. ¿Qué tiempo hacía el miércoles?

- **A** Estaba nublado.
- **B** Nevaba.
- **C** Estaba ventoso.

© Macmillan/McGraw-Hill

Página 1

SIGUE ➤

4 El título de la selección es una oración interrogativa. ¿Qué característica de las oraciones interrogativas tiene?

(A) Termina con un punto.

(B) Tiene signos de interrogación y la palabra *qué*.

(C) Empieza con mayúscula.

5 Observa el tiempo que hizo el martes y el jueves. ¿Qué diferencias encuentras? Explica tu respuesta y respáldala con detalles del artículo.

_____

_____

_____

_____

© Macmillan/McGraw-Hill

INSTRUCCIONES

Contesta las siguientes preguntas sobre "Merienda en el parque" (págs. 162 y 163).

1 Observa la tabla sobre el cuento.

Ambiente	Qué hacen los personajes allí
Debajo de la mesa	

¿Qué opción corresponde al recuadro vacío?

(**A**) Comen la merienda.

(**B**) Vuelan sus papalotes.

(**C**) Juegan a tirar la pelota.

2 Glenda y Gregorio van —

(**A**) a un parque.

(**B**) a la escuela.

(**C**) de campamento.

© Macmillan/McGraw-Hill

 SIGUE

3 Cuando empieza a llover, Gregorio quiere —

   (**A**) ir a su casa.

   (**B**) seguir jugando.

   (**C**) montar su bicicleta.

4 Glenda removió el mantel de plástico de la mesa. ¿Qué quiere decir <u>remover</u>?

   (**A**) trepar

   (**B**) sentarse sobre

   (**C**) quitar

5 ¿Qué crees que van a hacer Glenda y Gregorio después? Explica tu respuesta y respáldala con detalles del cuento.

_____

_____

_____

_____

© Macmillan/McGraw-Hill

Nombre del estudiante _____

INSTRUCCIONES
Contesta las siguientes preguntas sobre "La vida de una mariposa" (págs. 164 y 165).

1 Una mariposa comienza su vida como un huevo. ¿En qué se convierte a medida que crece?

- Ⓐ en una hoja
- Ⓑ en una cubierta
- Ⓒ en una oruga

2 Observa la leyenda de la página 164. ¿Cuánto vive la mayoría de las mariposas?

- Ⓐ entre uno y dos días
- Ⓑ entre una y dos semanas
- Ⓒ entre uno y dos años

3 Observa la tabla de la página 165. ¿Cuál es la tercera etapa en la vida de una mariposa?

- Ⓐ pupa
- Ⓑ huevo
- Ⓒ mariposa

Página 1

4 Observa la tabla de la página 165. ¿En qué etapa de la vida de una mariposa es ésta una oruga?

(A) etapa 1

(B) etapa 2

(C) etapa 3

5 ¿Qué hace una mariposa después de que sus alas se secan? Explica tu respuesta y respáldala con detalles del artículo.

_____

_____

_____

_____

ALTO